La Cueca Sola
Mujeres, memoria y lucha
(ni perdón ni olvido)

LA CUECA SOLA

Mujeres, memoria y lucha
(ni perdón ni olvido)

Flavio Salgado Bustillos

ocean
sur

7
SEVEN STORIES

New York • Oakland • London

Seven Stories Press/Ocean Sur
140 Watts Street
New York, NY 10013
www.sevenstories.com

ISBN: 978-1-925019-67-4

153688514

Índice

Presentación

Me estremecieron mujeres
que la historia anotó entre laureles
y otras desconocidas gigantes
que no hay libro que las aguante.
Me han estremecido...

SILVIO RODRÍGUEZ

A fines de los años setentas el escritor chileno Ariel Dorfman concibió un proyecto que en sí mismo podría ser un cuento de Borges: una novela sobre las viudas de los detenidos desaparecidos y ejecutados políticos en el Chile de Pinochet. Pero para que el libro no despertara sospechas y pudiera circular libremente en Chile, no lo firmaría con su nombre, sino con un seudónimo, *Eric Lohmann*, un danés que habría escrito una novela sobre viudas del régimen nazi en Grecia, y supuestamente desaparecido desde 1942 tras ser apresado por los alemanes. «Mi plan consistía —relata Dorfman en el prólogo de la edición que llegó a Chile en 1987— en hacer traducir primero al danés mi novela, y luego sacar "traducciones" a otros idiomas». Varios amigos escritores de alguna prominencia internacional darían vida mediante prólogos y artículos al supuesto escritor Lohmann. «Por ese camino, indirecto y torcido, esperaba yo finalmente llegar hasta las librerías, y los corazones, de mi país». Finalmente, el plan fracasó porque el jefe de la editorial que la iba a hacer circular en Chile le pidió que «los personajes militares no fueran excesivamente brutales». Dorfman rechazó tal censura y la empresa editora no quiso publicarla. Como ya no se leería en Chile, la novela vio la luz, con su propia firma —aunque siempre en el escenario de una Grecia bajo la bota nazi—, primero en Argentina (1978) y luego en México (1981) para finalmente, tras aparecer en España y ser traducida a varios idiomas, llegar a Chile en 1987 a lomos de Ediciones Melquiades, con autorización de Siglo XXI Editores S.A., dueña de los derechos.

Lo curioso es que me encontré con esta novela de Dorfman —o ella me encontró a mí—, en una santiaguina librería de viejos, justo cuando estaba empeñado en la producción de este libro, precisamente para recoger los testimonios de viudas, en términos generales, de detenidos desaparecidos y ejecutados políticos. En lenguaje jungiano era sin lugar a dudas una «sincronicidad». Al menos para mí, pues daba un sentido especial a esta tarea. Si Dorfman —o Eric Lohmann— escribió una ficción que pretende ser una metáfora universal: «Esa tragedia podía ocurrir en todas partes y en cualquier momento y a cualquier persona», lo que es una iniciativa digna de todo elogio, nosotros estábamos rescatando los testimonios de las viudas reales, escarbando en su memoria, en sus emociones, en su dolor, en su experiencia más íntima, para reconstruir una historia que debe erigirse en una conciencia social contra la ocurrencia de estos hechos. Si aquella editorial no quería que los militares fueran descritos como excesivamente brutales, las experiencias de estas mujeres, varias de las cuales también fueron detenidas y torturadas, testimonian horrores que superan la más fértil imaginación.

La otra sincronicidad jungiana es que hayamos solicitado a Flavio Salgado Bustillos la realización de las entrevistas y escritura de este libro a semanas de haber llegado de Venezuela, donde nació, vivió, y trabajó próximo al presidente Hugo Chávez, país que está sufriendo un proceso que a juicio de muchos de quienes vivimos la situación pregolpista durante el gobierno de Salvador Allende, tiene muchas similitudes, y que analizamos con más profundidad en *La Conspiración contra Allende. Cómo derrocar a un gobierno de izquierda*.[1] De algún modo, según plantea Dorfman, el horror vivido por estas mujeres «podría ocurrir en cualquier parte». Inclusive en la tierra de Bolívar.

Las historias que presentamos en este libro, son solo una mínima muestra de tragedias que perduran. De vidas consagradas a un imposible. Con resultados aleatorios que a veces presentan logros solo después de décadas. Ocean Sur Chile entrega este libro como un homenaje a mujeres que dieron lo mejor de sí mismas — su vida y su amor —, a la causa de la búsqueda de sus seres queridos, de que estos crímenes no queden en la impunidad y de que el terrorismo de Estado no vuelva a repetirse, *La Cueca Sola*, es desgarro y rebeldía. Una bofetada en el rostro de todos. Un aullido. Una arenga. Una poesía. He aquí sus voces.

El editor

A mi hijo Flavio y a mi madre Amelia.

Cronología

1946 Establecimiento de la Escuela de las Américas con sede en Panamá.

3 de septiembre de 1948 Promulgación de la Ley N° 8987, de Defensa Permanente de la Democracia, conocida como Ley Maldita, que proscribe al Partido Comunista de Chile (PCCh) bajo el gobierno de Gabriel González Videla.

1954-1962 Guerra de Independencia argelina. Desarrollo de la lucha antisubversiva.

1959-1975 Guerra de Vietnam.

1961 Inicio de la Doctrina de la Seguridad Nacional en el contexto de la Guerra Fría. Se cambia el pensum de la Escuela de las Américas para enfatizar la amenaza de los «enemigos internos». Estadounidenses y franceses reorganizan y adiestran a las FF.AA. de América Latina para operaciones contrainsurgentes agresivas («guerra sucia») dentro de sus sociedades.

1973 Golpe de Estado contra Salvador Allende liderado por Augusto Pinochet.

1973 Creación de la Dirección de Inteligencia Nacional (DINA).

19 de septiembre de 1973 Detención y reclusión de Mireya García, en la Base Naval de Talcahuano.

29 de septiembre 1973 Desaparición del Raúl Antonio Muñoz, padre de Silvia Muñoz.

Febrero de 1974 Oficiales de seguridad de Argentina, Chile, Uruguay, Paraguay y Bolivia se reúnen en Buenos Aires para planificar acciones coordinadas de desapariciones transfronterizas y transferencias forzadas y extralegales de exiliados dando inicio al Plan Cóndor.

4 de agosto de 1976 Desaparición de Hugo Vivanco y Alicia Herrera, hermano y cuñada, respectivamente de Carmen Vivanco.

5 de agosto de 1976 Desaparición de Oscar Ramos (esposo) y Oscar Arturo Ramos (hijo) de Carmen Vivanco.

9 de agosto de 1976 Desaparición de Pedro Silva compañero de Violeta Zúñiga.

10 de agosto 1976 Desaparición de Nicolás Hugo Vivanco Herrera, hijo del matrimonio Vivanco Herrera y sobrino de Carmen Vivanco.

21 de septiembre de 1976 Atentado explosivo en Washington contra el excanciller de Allende Orlando Letelier y su secretaria.

1977 Creación de la Central Nacional de Informaciones (CNI) en sustitución de la DINA.

30 de abril de 1977 Desaparición de Vicente Israel García, hermano de Mireya García.

7 de diciembre de 1977 Muere el periodista Augusto Carmona, compañero de Lucía Sepúlveda, por múltiples impactos de bala.

8 de marzo de 1978 Presentación del Conjunto Folclórico de la Agrupación de Familiares de Detenidos Desaparecidos en el teatro Caupolicán.

18 de abril de 1978 Promulgación de la Ley de Amnistía por parte de la Junta Militar, la cual exonera de responsabilidad a todas las personas que en calidad de autores, cómplices o encubridores hayan cometido hechos delictuosos durante el Estado de Sitio comprendido entre el 11 de septiembre de 1973 y el 10 de marzo de 1978.

7 de septiembre de 1986 Atentado realizado contra Augusto Pinochet por el Frente Patriótico Manuel Rodríguez.

5 de octubre de 1988 Realización del Plebiscito Nacional que fue al año siguiente la celebración de elecciones democráticas conjuntas de presidente y parlamentarios. Este plebiscito implicó el comienzo del final de diecisiete años de dictadura.

31 de diciembre de 1990 Mensaje de Fin de Año del presidente Patricio Aylwin donde manifiesta que se esclarecerá la verdad y se hará justicia, en la medida de lo posible, en relación a los crímenes de lesa humanidad cometidos en dictadura.

25 de abril de 1990 Creación de la Comisión Nacional de Verdad y Reconciliación sobre las violaciones a los derechos humanos acaecidos en Chile durante la dictadura militar de Augusto Pinochet. Esta comisión fue la encargada de elaborar el Informe Rettig.

16 de octubre de 1998 Detención en Londres de Augusto Pinochet en virtud de una orden de captura emanada por el juez español Baltasar Garzón, quien buscaba someterlo a juicio por los asesinatos de varios ciudadanos españoles ocurridos durante la dictadura.

Introducción

El origen del Mal

La era del terror en Chile fue precedida por la guerra argelina de independencia (1954-1962), caracterizada por ser un conflicto asimétrico y de baja intensidad, donde las tropas de ocupación francesa, emplearon las tácticas de guerra antisubversiva o psicológica contra la población civil de Indochina y Argelia.[2] En este tipo de guerra, las fuerzas militares ejercen el rol de ejército de ocupación y la población civil se convierte en el enemigo interno, siendo la principal proveedora de información de inteligencia para neutralizar al enemigo. No obstante, el ejército no actúa directamente en el campo de batalla, sino mediante organizaciones compuestas por mercenarios, milicianos y policías. Las unidades de estirpe paramilitares, que actuaron con la venia de Francia, se denominaron *Organisation de l'Armée Secrète* (OAS) —u Organización del Ejército Secreto—,[3] y en ella convergieron derechistas, fascistas y conservadores.

Para las fuerzas de ocupación francesa y sus milicias, la población local era sospechosa de simpatizar y apoyar al Frente Nacional de Liberación. Desde esta visión, se realizaron atentados terroristas, detenciones masivas, allanamientos y desapariciones de civiles. Estas prácticas de terror también fueron documentadas por el Coronel Roger Trinquier en su libro *La Guerra Moderna*, que recoge su experiencia en los conflictos de Indochina y Argelia.[4]

Tras la derrota francesa y la firma de los Acuerdos de Évian, algunos de los militares franceses que desplegaron el terror en suelo argelino, se desplazaron a Estados Unidos y Suramérica para entrenar a los militares locales en lucha contrainsurgente o contrarrevolucionaria en pleno contexto de la Guerra Fría.

La conexión francesa con las dictaduras latinoamericanas

Simultáneo al adoctrinamiento militar de oficiales latinoamericanos llevado a cabo en la Escuela de las Américas,[5] existió una estrecha colaboración entre agregados militares franceses y sus pares argentinos en la lucha antisubversiva. En la década de 1960 y 1970, Argentina fue un país importante para el ejército francés, extendiendo su influencia a Brasil y Chile.

El exjefe de la Dirección de Inteligencia Nacional (DINA), Manuel Contreras, exalumno de la Escuela de Las Américas,[6] admitió que durante la dictadura militar de Pinochet, las milicias paramilitares que combatieron en Argelia (OAS) fueron modelo a seguir dentro del ejército «por su valentía y combatividad»:

> En 1973 la represión se abate sobre la izquierda chilena. Los sobrevivientes contaron que oficiales brasileños dirigían las sesiones de tortura. ¿Fueron formados por Aussaresses? El exjefe de la DINA, Manuel Contreras, responde en su lugar de detención en la base militar en donde comenzó el golpe de 1973. Puede decirse que está en familia, rodeado de sus custodios y su equipo médico: «Éramos admiradores de la OAS dentro del ejército, por su valentía y combatividad. Era un modelo».
>
> —¿Conoció al general Aussaresses?
>
> Manuel Contreras: —No lo conocí pero envié a muchos oficiales chilenos para que los entrenara, en Manaos. Cada dos meses le mandaba un nuevo contingente de oficiales para que los entrenara. Él trabajaba habitualmente en la sede del Servicio de Inteligencia, pero viajaba a Manaos para el entrenamiento.[7]

La guerra argelina fue un campo de experimentación para la concepción de las tácticas de guerra antirrevolucionarias. De esa experiencia, se nutrieron los EE.UU. para adoctrinar a los militares latinoamericanos en la lucha contra el comunismo a través de la Escuela de las Américas. Este adoctrinamiento convirtió a los militares del continente en afinadas máquinas de interrogar, torturar y matar.

En la dictadura de Pinochet, la lucha contrainsurgente fue una política de Estado contra sus connacionales, dirigida por un lado a neutralizar cualquier intento de oposición y por otro a despolarizar amplios segmentos de población, mediante la generación del miedo.

La Revolución Cubana y la doctrina de seguridad de EE.UU.

La Doctrina de Seguridad Nacional de EE.UU. conceptualizó al «comunismo internacional» con sede en la Unión Soviética y Cuba como el principal enemigo a combatir en la región. En consecuencia, los estados latinoamericanos, debían combatir a los insurgentes y a los supuestos agentes locales del comunismo que habían *infiltrado* sindicatos, partidos políticos y organizaciones sociales. Al igual que la doctrina francesa de guerra anti subversiva puesta en práctica en Indochina y Argelia, el enemigo no era externo, sino interno, siendo este último cualquier persona con ideas de izquierda, o que simplemente contraviniera el orden establecido.

El triunfo de la Revolución Cubana en 1959, fue interpretado por Estados Unidos como una amenaza para sus intereses nacionales en la región latinoamericana y el Caribe. Desde esta lógica imperial, el surgimiento de los movimientos revolucionarios no era consecuencia de la pobreza y de las profundas desigualdades sociales, sino de «la penetración comunista» en su tradicional zona de influencia o en su perímetro de seguridad.

Con el objetivo de erradicar la insurgencia en Latinoamérica, Estados Unidos emplea la Escuela de las Américas, establecida en Panamá en 1946, como centro de formación en tácticas de guerra antisubversiva, tomando como modelo la experiencia francesa en Argelia y su propia intervención militar en la guerra de Vietnam, donde despliega el llamado Programa Fénix[8] basado en los métodos de lucha que los escuadrones de la muerte franceses habían aprendido en el conflicto indochino y perfeccionado en territorio argelino.

Fue en la Escuela de las Américas donde se formó el aparato represivo de las dictaduras latinoamericanas, incluyendo las del Cono Sur en la década de los 60 y 70. Se calcula que desde su fundación hasta la actualidad, unos 61 000 soldados latinoamericanos han pasado por sus aulas, entrenándose en operaciones psicológicas, inteligencia militar y técnicas de tortura.[9]

En el Cono Sur, los egresados de la Escuela de las Américas se especializaron aniquilar a los miembros de toda organización política y social que se oponía a los regímenes dictatoriales instaurados en Brasil, Uruguay, Bolivia, Paraguay y Chile. De sus aulas emergieron hombres como Manuel Contreras, Miguel Krassnoff y Raúl Iturriaga Neumann, connotados verdugos del régimen de Augusto Pinochet.

Países como Venezuela, Ecuador, Nicaragua y Bolivia, dejaron de enviar efectivos militares, mientras que otros países de la región como Chile y Brasil, continúan enviando oficiales a la llamada por sus detractores «Escuela de Asesinos».

Los métodos de la guerra antisubversiva

Este tipo de guerra parte de una política de seguridad dirigida a neutralizar o aniquilar el «enemigo interno». Para lograr tal objetivo es necesario disponer de una organización psicológica, comunicacional, política y paramilitar agresiva y encubierta.

En esta guerra de carácter asimétrico y no convencional, el espionaje y contraespionaje son estratégicos para penetrar al enemigo y neutralizarlo. Involucra daño a la infraestructura económica, empleo de las técnicas de propaganda política para satanizar al enemigo (guerra psicológica), acciones de sabotaje, asesinatos, desapariciones y tortura.[10] En Latinoamérica, este tipo de guerra ha sido la responsable de traer penurias económicas y sociales a Guatemala, El Salvador, Honduras y Nicaragua, cuyos territorios entre finales de la década de los 70 y principios de los años 90, fueron arrasados por la lógica de la Guerra Fría, siendo los EE.UU. el gran impulsor político y financiero del terrorismo de Estado, así como de los crímenes de lesa humanidad cometidos en la región.

En el Cono Sur, las estrategias de guerra antisubversiva fueron aplicadas por los regímenes dictatoriales contra su propia población, practicando el llamado terrorismo de Estado en Argentina, Bolivia, Brasil, Chile, Uruguay y Paraguay.

El nacimiento de la DINA y la CNI

Manuel Contreras jefe de la Dirección de Inteligencia Nacional (DINA) durante el periodo 1973-1977 completó su formación militar en la Escuela de las Américas, aprendiendo sobre la guerra antisubversiva. Contreras, uno de los colaboradores más cercanos de Pinochet, fue el responsable de más de un millar de asesinatos, incluyendo el del esposo de Violeta Zúñiga y de los cinco familiares detenidos desaparecidos de doña Carmen Vivanco.

Previo al derrocamiento Salvador Allende en 1973, Contreras logró infiltrar las organizaciones de izquierda que apoyaban al presidente Allende, facilitando tras el golpe, la persecución y neutralización de estas organizaciones o de cualquier sospechoso de apoyarlas. La polarización y el odio fundamentalista llegaron a tal extremo en algunos sectores vinculados a la derecha y a los uniformados, que se dieron situaciones como la ocurrida con Raúl Antonio Muñoz, padre de doña Silvia Muñoz, quien fuera denunciado por sus vecinos por tener ideas de izquierda. El señor Muñoz fue detenido un 29 de septiembre de 1973, sin que su familia supiera nada de él hasta tres décadas después, cuando se logra encontrar e identificar sus osamentas, entre las 126 que fueron encontradas en 1991 en el Patio 29 del Cementerio General de la ciudad de Santiago.[11]

En el periodo en que Contreras dirigió la policía secreta, se instauró una amplia red de espionaje que vigiló a exiliados, sindicalistas, intelectuales y religiosos con el objetivo de neutralizar cualquier alerta o amenaza al régimen de Pinochet. El asesinato el día 21 de septiembre de 1976 del exembajador en Estados Unidos, y exministro de Relaciones Exteriores, Interior y Defensa durante el gobierno de Allende, Orlando Letelier, y de su asistente estadounidense Ronni Moffitt, fue un atentado planificado por Contreras.

Sobre sus espaldas, también recae la responsabilidad de ser uno de los artífices del Plan Cóndor que llevó la lucha antisubversiva a escala regional, contando con la participación de las dictaduras de Argentina, Brasil, Bolivia, Chile, Uruguay y Paraguay. El Plan Cóndor no fue otra cosa que una operación planificada de tortura, aniquilación sistemática y desaparición de toda la disidencia política que adversaba los regímenes dictatoriales. Fue en sí misma una operación de terrorismo de Estado que derivó en un genocidio transnacional.

Las presiones del gobierno de EE.UU. tras el atentado de Orlando Letelier en su territorio, obligaron al régimen de Pinochet a reemplazar en agosto de 1977 a la DINA por la Central Nacional de Informaciones (CNI). Esta operación, solo implicó un cambio de nombre y de jefatura, porque la CNI continúo aplicando los mismos métodos de su antecesora, incluyendo vigilancia, asesinatos, torturas y desapariciones.

Al final, el régimen de terror liderado por Pinochet dejó un saldo de 2 279 víctimas; de las cuales 164 son clasificadas como víctimas de la violencia política y 2 115 como de violaciones a los derechos humanos.[12] Saldo que podría aumentar con nuevos descubrimientos de fosas comunes, en las cuales el aparato represivo de Pinochet solía depositar los cadáveres de los opositores a su régimen. A partir de 1979, Pinochet ordenó la llamada «Operación retiro de televisores» cuyo objetivo, según un oficial que recibió la orden criptografiada relató a la justicia, era «…desenterrar todos los cuerpos de prisioneros políticos ejecutados en la jurisdicción del regimiento y hacerlos desaparecer».[13]

Médicos violadores de DD.HH.

En Chile las violaciones de los derechos humanos en dictadura se asocian con miembros de las Fuerzas Armadas, pero poco se menciona a médicos que supervisaron y participaron en sesiones de tortura y asesinatos. Radio Cooperativa y otros medios informaron el día 24 de enero de 2014 que el ministro en visita Alejandro Madrid Crohare dictó sendos procesamientos en la investigación por los homicidios de dos reos de la ex cárcel Pública de Santiago y el homicidio frustrado de otros cinco internos del mismo penal envenenados por toxina botulínica en diciembre del año 1981:

> El magistrado declaró reos como autores del delito de homicidio calificado y homicidio frustrado al médico Eduardo Arriagada Rehren y al médico veterinario Sergio Rosende Ollarzú.
>
> Asimismo, en calidad de cómplices de los mismos ilícitos fueron encausados los coroneles en retiro del Ejército Joaquín Larraín Gana y Jaime Fuenzalida Bravo; en la causa por la intoxicación en el penal ligada al proceso por la muerte del Presidente de la República Eduardo Frei Montalva.

Las víctimas de homicidio son: Víctor Hugo Corvalán Castillo y Héctor Walter Pacheco Díaz y de homicidio frustrado: Guillermo Rodríguez Morales, Ricardo Antonio Aguilera Morales, Elizardo Enrique Aguilera Morales, Adalberto Muñoz Jara y Rafael Enrique Garrido Ceballos, todos ellos reos del expenal que consumieron productos alimenticios inoculados con la toxina botulínica.

Otro caso de violación de derechos humanos cometidos por médicos es el de Guido Mario Félix Díaz Pacci, oficial de sanidad militar del Ejército, quien aparece involucrado en la muerte del transportista y dirigente de la Democracia Mario Fernández López, debido a las torturas sufridas en el cuartel de la CNI de La Serena en 1984. Al doctor Díaz Pacci se le acusa de haber mentido sobre la procedencia del dirigente de la DC, aduciendo que el detenido venía de una Tenencia de Carabineros y no de la CNI, y habría intentado convencer a los médicos presentes en la sala de emergencia de ocultar la verdadera causa de la muerte. Guido Díaz Pacci fue expulsado del Colegio Medico en Octubre de 1987.[14] Desde 1999, trabaja en el departamento de tránsito de la municipalidad de La Serena. Allí, el sitio web LaNota.cl le hizo una entrevista:

—Yo era médico militar no más, y me llamaron a visitar a este hombre que lo tenían detenido. Que lo había visto primero otro médico que era el de la CNI, y como se anduvo agravando un poco me llamaron a mí para irlo a ver. Y hasta ahí no más llegué. Yo mismo lo llevé al hospital, ahí lo operaron, no formaron el equipo que correspondía y falleció.

— *¿Usted por esto fue expulsado del colegio médico?*

—No, era porque creyeron que yo era de la CNI y yo no era de la CNI. Fue un error de ellos.

—¿Qué médico le traspasó a usted a Mario Fernández?

—¿Quieres saber el nombre? ¡Todos quieren saber los nombres! El médico de la CNI era el doctor Carcuro. El doctor Carcuro fue el primero que lo vio. Yo no era médico de la CNI, nunca fui médico de la CNI. Fui médico oficial de sanidad del regimiento. Pero no médico de la CNI. Yo no tuve nada que ver.

—¿Y usted que podría decir respecto de su participación en los atropellos a los derechos humanos?

—Yo era oficial de sanidad del ejército, se supone que tenía que estar con lo que estaba haciendo el Ejército, y no me iba a revelar contra lo que se estaba haciendo. Y nos estábamos sacando el comunismo de encima.

—Hoy se están reviviendo estos temas, hoy se habla de amnistía.

—Hubo una situación muy grave ahí que no convendría decirla, porque en el hospital el médico que lo atendió, que fue el doctor Lippi, indicó que había que operarlo, quiso formar equipo y no pudo formar equipo. Y el doctor Lippi lo operó solo, sin equipo.

—¿Para intentar salvarlo?

—Para intentar salvarlo. Y falleció, el hombre hizo un paro y falleció.

—¿Recuerda en qué condiciones llegó el transportista Fernández?

—Sí. Yo mismo lo llevé desde el cuartel cuando me llamaron, y no sabía ni donde estaba el cuartel. A ese extremo. Tuve que preguntar a donde quedaba, porque no sabía ni donde estaba el cuartel de la CNI. Dijeron que yo lo había visto en una tenencia de Carabineros y eso es mentira. Yo lo vi en el cuartel de la CNI porque me llamaron, y me llamaron porque no encontraron al doctor que oficiaba como médico de la CNI, el doctor Carcuro. Lo fui a ver, lo lleve al hospital y hasta ahí no más, eso es todo lo que supe. En la muerte de Fernández yo no tuve pito que tocar, ahí debieron haber interrogado al doctor Lippi que pidió que se formara equipo y no formo equipo, quedó solo.

– *¿Pero por qué no formó equipo, no se lo permitieron?*

—Claro, porque al médico que se lo solicitó no quiso, no formó equipo.

– *¿De qué murió Fernández?*

—De un shock hipovolémico abdominal, una hemorragia interna.

– *¿Por las torturas?*

—Mmm, claro.

– *¿Y quiénes lo torturaron a él?*

—¡Ah! No tengo idea, no me pidas tantas cosas.

– *¿Cuándo usted llegó ahí a quien vio, quién lo llamó?*

—Eso hace tantos años que no me acuerdo a quien vi.

– *Es una situación de sufrimiento para muchas personas.*

—Sí, claro, pero ya te digo no me recuerdo. El nombre de él creo que es Mario Fernández, Mario Fernández López creo que es.

– *¿Él llegó consciente o inconsciente?*

—Llegó consciente.[15]

Alejandro Jorge Forero Álvarez, especialista en cardiología y medicina interna, prestó servicios en 1976 como soldado segundo en la Base Aérea de El Bosque y en el Regimiento de Artillería Antiaérea de Colina. En el proceso por la desaparición de una persona se le vinculó al Comando Conjunto y fue amnistiado. El Comando Conjunto fue una agrupación de inteligencia que operó aproximadamente entre 1975 y 1976, encargado de la represión al Partido Comunista. Según el Informe Rettig, el Comando Conjunto fue responsable de la desaparición de cerca de 30 personas. El doctor Forero fue sometido a proceso por el juez Carlos Cerda en plena dictadura por el caso de Víctor Vega Riquelme, detenido el 3 de enero de 1976. La investigación entonces se cerró y el médico fue amnistiado. En febrero de 2002, ante la insistencia del abogado Nelson Caucoto, el juez del 5° Juzgado del Crimen de Santiago, Carlos Hazbún, sometió a proceso al médico Forero junto a una veintena de exintegrantes del Comando Conjunto por los delitos de asociación ilícita y detención ilegal ante el secuestro y desaparición del militante comunista Víctor Vega. El caso es conocido por ser uno de los que mejor ilustra el rol que jugó Miguel Estay Reyno, alias *El Fanta*, en la detención de sus excompañeros comunistas y amigos cercanos, como lo era Vega. En mayo de 2002, la 7ª sala de la Corte de Apelaciones de Santiago, que integraba entonces Rubén Ballesteros, expresidente de la Corte Suprema (6 de enero 2012– 6 de enero 2014), revocó la decisión por ser «cosa juzgada».[16]

Los métodos de tortura

Durante el régimen de Pinochet, la tortura fue una práctica habitual y sistemática:

> Constituye tortura todo acto por el cual se haya infligido intencionadamente una persona dolores o sufrimientos graves, ya sean físicos o mentales, con el fin de obtener de ella o de un tercero información o una confesión, castigarla por un acto que haya cometido o se sospeche que ha cometido, intimidar o coaccionar a esa persona u otras, anular su personalidad o disminuir su capacidad física o mental, o por razones basadas en cualquier tipo de discriminación. Siempre y cuando dichos dolores o sufrimientos se hayan cometido por un agente del Estado u otra persona a su servicio, que actúe bajo su instigación, o con su consentimiento o aquiescencia.[17]

El informe de la Comisión Nacional de Verdad y Reconciliación, conocido como Informe Rettig,[18] detalla de manera minuciosa a partir de testimonios, los métodos de tortura física y psicológica a los que eran sometidas las víctimas.

En el caso del castigo físico, los métodos iban desde las simples golpizas con puños y pies hasta las lesiones corporales deliberadas que incluían: extracciones de partes menores del cuerpo (uñas, dientes), electricidad en cabezas y genitales, abuso sexual, cortes con arma blanca, fracturas deliberadas, heridas a bala, lesiones auditivas mediante la exposición de disparos o ruidos agudos, clavaduras de alfiler así como introducción de ratas, arañas y otros insectos, en boca, ano o vagina.

Entre las torturas psicológicas que detallan las víctimas entrevistadas por la Comisión, se encuentran simulacros de fusilamiento, prácticas como la ingestión forzada de desecho, desnudamientos durante los interrogatorios, falsos colgamientos, ver la tortura de otro, desarrollar actividades sexuales con otro detenido o un familiar, sometimiento de la victimas a la llamada ruleta rusa, presencia de fusilamiento de otro detenido, privación e interrupción del sueño, privación de medios vitales para la subsistencia.

En el informe elaborado por la Comisión, también se recogen denuncias sobre abuso sexual a menores de edad y a mujeres embarazadas. Esta breve descripción de los métodos de tortura empleados por el aparato represivo de la dictadura ilustra el sufrimiento y horror a las que fueron sometidas mujeres como Mireya García, quien junto a su padre fue detenida, confinada y posteriormente torturada en la en la Base Naval de Talcahuano y en la Isla Quiriquina.

Un relámpago en la oscuridad

Desde el mismo 11 de septiembre de 1973, en Chile se practicó el terrorismo de Estado mediante la desaparición forzada de personas. Al comienzo son detenidos y desaparecidos los colaboradores más cercanos del gobierno de Allende, luego es el turno de los militantes y dirigentes de los partidos de izquierda, posteriormente son apresados los familiares y amigos de esos militantes y dirigentes, y, por último, son detenidos, y asesinados todos los sospechosos de oposición a Pinochet, sin distinguir ideología. En esta fase, el pueblo mismo se transmutó en el enemigo interno. En esta lógica, nada ni nadie podía oponerse al poder ejercido por el dictador chileno. La vida de un enemigo del régimen carecía de valor y ese juicio se extendió a toda la gama de parientes, colegas y amigos.

En ese clima de terror, impunidad y miedo —y de ciega obediencia del aparato represivo constituido en una refinada maquina asesina, como lo demuestran la Operación Cóndor y la llamada Caravana de la Muerte—,[19] surge, la Agrupación de Familiares de Detenidos Desaparecidos (AFDD), una de las primeras organizaciones en desafiar abiertamente al régimen de Pinochet.

Las protestas relámpago de la AFDD frente a la Moneda, símbolo del poder de la Dictadura, fueron la combustión para las protestas multitudinarias contra el régimen que se desarrollaron desde mediados de la década de los 80. Gracias a estas protestas, se fue perdiendo progresivamente el miedo, pasando del rol pasivo a la desobediencia civil. Y finalmente al plebiscito que abrió la puerta a la transición democrática.

La AFDD surge espontáneamente como un grupo de mujeres que deambulaban por los mismos centros de detención creados por la dictadura en busca de sus familiares. Ellas comenzaron a caer en cuenta que nunca recibían información sus familiares desaparecidos. El Estadio Nacional, el Estadio Chile, Dos Álamos y Tres Álamos, entre otros, fueron los campos de prisioneros de donde empezó a tomar forma la Agrupación, primero bajo los auspicios del Comité Pro Paz y luego con el apoyo decisivo de la Vicaría de la Solidaridad del arzobispado de Santiago.

Durante los años de 1976 y hasta 1979, la AFDD realizó protestas emblemáticas contra la Dictadura: huelgas de hambre, concentraciones callejeras, y el encadenamiento a las rejas del antiguo Congreso Nacional ubicado en pleno centro de Santiago.

También en el ámbito internacional, se encargaron de llamar la atención sobre las violaciones de derechos humanos cometidas por la dictadura de Pinochet: Suecia, Canadá, Noruega, España e Inglaterra, fueron algunos de los países visitados por la AFDD con el objetivo de denunciar las atrocidades cometidas. A su regreso a Chile, este grupo de valientes mujeres a menudo era víctima de amedrentamiento, espionaje y detención. Doña Carmen Vivanco y doña Violeta Zúñiga, junto a otras integrantes de la Agrupación, eran detenidas y recluidas en cárceles de mujeres, después de un tiempo liberadas, y luego vueltas a recluir. Su peregrinaje como presas incluía buses y comisarías de Carabineros, sobre todo después de las refriegas callejeras.

Durante la entrevista, doña Carmen Vivanco manifestó haber recibido en su casa la visita del temible Álvaro Corvalán,[20] con el objetivo de forzarla a redactar un informe donde se atribuía la desaparición de su esposo y de su hijo, comunistas, a un supuesto enfrentamiento interno entre militantes de la resistencia a la Dictadura.

Según testimoniales, recogidos en este libro, la gente imploraba a los miembros de la Agrupación que se fueran del país, incluso hubo personas de afuera que les ofrecían alojamiento, pues temían por la vida de cada una de sus integrantes. Sin embargo, en medio del terror, ellas optaron por quedarse en Chile y exigir justicia.

Como relatan las integrantes de la AFDD, las acciones de protesta o detenciones de miembros de la Agrupación eran inmediatamente trasmitidas por Radio Moscú, que en aquella época transmitía en onda corta el programa «Escucha Chile» y Radio Cooperativa, de Santiago. La Agrupación también realizó contactos con el cantante Sting y la agrupación irlandesa de rock U2 para difundir y al mismo tiempo denunciar los crímenes de lesa humanidad cometidos durante el régimen pinochetista.

La Cueca Sola

Un 8 de marzo de 1978, el conjunto folclórico de la AFDD se presentó por primera vez en el teatro Caupolicán. La conmemoración del Día Internacional de la Mujer fue el primer acto público y masivo en rechazo a la dictadura.

Un año después, en 1979, la dictadura de Pinochet a través del Decreto Ley Nº 23 declaró a la Cueca como la danza nacional de Chile, calificándola como: «la más genuina expresión del alma nacional», cuyas letras albergan «la picardía propia del ingenio popular chileno, así como también acoge el entusiasmo y la melancolía».[21]

A diferencia de la cueca tradicional, en la «Cueca Sola» hay una diferencia simbólica sustancial, pues se baila sin pareja. Su intención no es la celebración sino la remembranza de la tristeza generada por la pérdida. Luto y dolor trasformado en danza y luego en potente denuncia.

En la Cueca Sola, las mujeres llevan colgado el retrato de su familiar detenido desaparecido que simboliza la desesperación del no saber. Un desgarre interno producto de una pérdida, convertido en arma de denuncia y resistencia.

La Cueca Sola es una danza de protesta que durante días fijos de la semana, se bailaba en torno a los símbolos de la dictadura. Doña Violeta, una de las bailarinas principales, rememora en la entrevista realizada para este libro, haber bailado la Cueca Sola frente a la *Llama de la Eterna Libertad*, un monumento que el dictador Pinochet construyó en la Plaza Bulnes, frente a La Moneda, y que inauguró el 11 de septiembre de 1975, para conmemorar el golpe de Estado que derrocó a Salvador Allende. Se mantuvo encendida hasta el 18 de octubre de 2004, día en que fue apagada por la remodelación del Barrio Cívico con motivo del Bicentenario de Chile.[22]

Hoy como afirman varias de las integrantes del conjunto folclórico, la Cueca Sola continúa cumpliendo una función social y política de luchar contra el olvido, recreando un tiempo trágico en la historia contemporánea de Chile en función de mantenerlo vivo en la memoria colectiva para que no se vuelva a repetir.

Entre olvidar y recordar

La memoria y olvido aunque parezcan antagónicas mantienen una relación complementaria, pues la primera siempre implica una selección. Mediante la memoria algunos rasgos vividos son seleccionados y almacenados en forma de recuerdos y otros desechados. Esta operación funciona tanto en el plano individual como en el plano de la conciencia colectiva.

La recuperación del pasado es un derecho legítimo en democracia; pero no podría ser un deber. Sería cruel obligar a una persona a rememorar los hechos más dolorosos de su pasado. Bajo esta premisa, el derecho al olvido también existe y es una opción. Mantener la memoria del mal puede hacer daño en ciertos casos, al equilibrio social. En la sociedad se puede preferir el olvido a la memoria del mal. No obstante, el olvido puede tener efectos dañinos, pues los hechos se pueden mantener como recuerdos reprimidos, pudiendo aflorar en determinadas circunstancias.[23]

Doña Carmen Vivanco tiene 98 años, y al parecer sus recuerdos más nítidos son los de su infancia en las salitreras, junto a su padre. La sola evocación de cinco familiares detenidos desaparecidos, le quiebra la voz y la desgarra. Ella eligió olvidar a medias para conservar un vestigio de alegría que comparte con sus nietos y bisnietos.

Otras mujeres como doña Silvia Muñoz, tienen los recuerdos dolorosamente intactos. Con la desaparición de su padre su reloj se detuvo. Una vida de lucha, pero truncada por la soledad. La señora Violeta Zúñiga, sueña aún con su compañero Pedro. Es una evocación de encuentro y desencuentro. En el ensueño, su esposo siempre le da la espalda. Hoy, sus dos perros (uno de ellos llamado «Garzón», por el juez español que encarceló a Pinochet en Londres) y sus dos gatos, constituyen su única compañía.

La reminiscencia de los hechos vividos, no se debe banalizar, aislar o sacralizar. No se trata de reconstruir un pasado heroico o recrear indefinidamente el sufrimiento. Se trata de castigar a los responsables y restituir los derechos de las víctimas, sin olvidar que es importante conocer la naturaleza de los hechos para trasmitirlos a las nuevas generaciones, buscando así evitar que ocurran nuevamente. La justicia y la búsqueda de la verdad constituyen la bisagra entre la memoria y el olvido. Sin justicia se debilita la frágil relación entre ética y democracia.[24]

Al cierre de este libro, se pudo conocer que el actual gobierno de Michelle Bachelet designó a James Sinclair como embajador en Australia, quien presuntamente participó en la destrucción de archivos secretos de la CNI.[25]

Este hecho, generó protestas en la comunidad chilena residente en ese país.[26] Sin embargo, lo relevante de esta designación es que evidencia el peligro de olvidar. Se banaliza o se aísla el pasado, relativizándose de esta forma la justicia. En esas condiciones, resulta imposible que un acto de justicia se convierta en ideal política o en una regla moral.

En la ruta de la emancipación femenina

Los movimientos de mujeres organizados contra los crímenes de la dictadura tienen una múltiple dimensión dentro de la historia, que los sitúa en primer lugar, como continuadores de los movimientos por la igualdad de las mujeres y por el derecho al sufragio que comprende las últimas décadas del siglo XIX y las primeras cinco décadas del siglo XX. Hay registro de organizaciones de mujeres chilenas desde el siglo XIX, tales como la Sociedad Mutualista (Valparaíso, 1887), la Sociedad Unión y Fraternidad de Obreras (1891), Ciencia y Progreso de la Mujer (Valparaíso, 1894), La Sociedad de Emancipación de la Mujer (Iquique, 1901) entre otras muchas que cita Luis Vitale en su *Interpretación marxista de la Historia de Chile*.[27] En 1919, la educadora Amanda Labarca crea el Consejo Nacional de Mujeres. Y el mismo año, Esther La Rivera, Berta Recabarren, Graciela Mandujano y Graciela Lacoste crean el Partido Cívico Femenino.[28] En su primer volante, el Partido Cívico Femenino se describe como «Colectividad femenina en Chile que trabaja directamente por la obtención de derechos civiles, judiciales y políticos de la mujer».[29] En 1923 se funda la Federación Unión Obrera Femenina.[30]

En segundo lugar, como agrupaciones precursoras de los derechos humanos en Chile, período que abarca de la década de los 70 hasta la actualidad. Las múltiples dimensiones históricas brindan una connotación profundamente democrática al legado de los grupos de mujeres que se opusieron al régimen militar. Estas mujeres representan el ideario de la modernidad referente a la solidaridad y la igualdad, en contraposición al autoritarismo encarnado en la figura de Augusto Pinochet.

No existió nada más trasngresor en la época de Pinochet que la Cueca Sola, porque no solo rompió la tradición con el folclore, sino también porque en esencia fue un acto profundamente político que desafió los cánones del poder; espacios reservados exclusivamente en tiempos de dictadura para hombres y militares. En este contexto, la Cueca Sola se inspiró en la tradición, pero la rompió para convertirse en un acto político incómodo para el poder, tanto por su denuncia como por la irrupción de las mujeres en la política.

Otro aspecto relevante en la historia de las agrupaciones de mujeres en contra de la dictadura, fue su unión con otro grupo de poder que tradicionalmente relega lo femenino al mundo de lo natural, de la reproducción y la maternidad. Esta unión fue entre el poder religioso y los movimientos progresistas de mujeres, que dieron origen a través de la Vicaría de la Solidaridad a la Agrupación de Familiares de Detenidos Desaparecidos. Esa asociación aunque parezca inverosímil, tuvo profunda repercusión en el restablecimiento de la democracia en el país.

Más allá de la militancia política de las valerosas mujeres entrevistadas en este libro, sus luchas permitieron internalizar el tema de los derechos humanos en la sociedad chilena, restituir la democracia y revindicar la participación de la mujer en la dimensión patriarcal que caracteriza a la democracia moderna. Ellas derribaron las barreras que existían entre lo público y lo privado para politizarse en movimientos en contra el terrorismo de Estado. Gracias a su legado, una mujer en Chile puede ser elegida dos veces para ocupar la presidencia del país. Sin ellas, la participación política de las mujeres chilenas en la actualidad, estaría circunscripta a pequeños reductos dentro de la esfera pública e institucional.

Silvia Muñoz

Silvia Muñoz contaba con 14 años cuando unos militares allanaron su casa y se llevaron a su padre Raúl Antonio Muñoz. Desde esa temprana edad, se incorporó a la Agrupación de Familiares de Detenidos Desaparecidos. Desde 1977 hasta la caída de Pinochet, participó en marchas, protestas, actos y concentraciones para denunciar en época de dictadura el terrorismo de Estado. Aunque continúa asistiendo a las reuniones del grupo, su movilidad se encuentra muy limitada por la enfermedad del Lupus. Ella al igual que otras mujeres entrevistadas en este libro se encuentra en condiciones económicas muy precarias que le dificultan mantener su digna y valiente lucha, ante el avance inexorable de los padecimientos originados por su enfermedad.

Soy miembro de la Agrupación de Familiares Detenidos Desaparecidos desde 1977. Tenía 14 años cuando se llevaron a mi papi, Raúl Antonio Muñoz. Era muy chica y dentro de la agrupación no me dejaban participar en las huelgas de hambre.

Luego de la desaparición de mi padre, mi madre quedó enferma, muy afectada psicológicamente. Ella no tenía fuerzas para enfrentar la pérdida y hacer las gestiones para encontrar a mi padre. Lo hacía mi hermana, que era mayor que yo. En un principio, yo estaba encargada de cuidar a mi madre, pero cuando mi hermana quedó embarazada —y de mutuo acuerdo—, fui asumiendo poco a poco las tareas de mi hermana dentro de la agrupación.

A mi papi, lo detuvieron en esta misma casa donde siempre hemos vivido con mis dos hermanos. Uno esta postrado en una cama. Yo padezco Lupus, la enfermedad provoca fuertes dolores en mis articulaciones, apenas puedo caminar.

Frente a nuestra casa viven unos vecinos que luego del golpe salieron a celebrar la caída de Allende. Ellos eran de la Democracia Cristiana, mi padre siempre fue fanático de la Unidad Popular. El 11 de septiembre de 1973, esa familia celebró con champaña y sacó una bandera de Chile. Estaban buscando la manera de provocar a mi padre.

Recuerdo como si fuera ayer, como se llevaron a mi papi. Fue el 29 de septiembre de 1973. En los días previos a su detención, mi padre estaba muy preocupado, pues intuía que luego del golpe a Salvador Allende, se desataría la persecución política. Pese al temor de que podían detenerlo en cualquier momento, todos los días se levantaba para ir a trabajar.

Mi padre trabajaba en la ferretería Montero, era dirigente sindical, representando a más de 800 trabajadores que laboraban en ese lugar. Él también fue presidente de la junta de vecinos. Era un hombre muy comprometido con sus compañeros de trabajo y con la comunidad. Muy sociable, un buen papá. Un hombre muy solidario.

En los primeros días de Allende, él era un hombre muy feliz, porque por fin había en Chile un presidente que había sido elegido por los trabajadores. Fueron días felices para toda la familia. Recuerdo que había muchas actividades culturales. Mis hermanos trabajaban en las Juntas de Abastecimientos y Control de Precios (JAP), todo se distribuía equitativamente para la población.

Ese fatídico día, mi padre regresaba a casa cuando fue interceptado por los vecinos. Mi padre, tenía una úlcera en el tobillo izquierdo, que le molestaba para caminar. Ellos comenzaron a empujarlo, a molestarlo, mi padre solo los insultó y entró a la casa. Mi madre le tenía la cena servida. Él se quitó la chaqueta y se sentó a comer.

En eso, los vecinos comenzaron a tirar piedras a la puerta de la casa. Mi padre salió afuera, recuerdo que tenía las manos en los bolsillos. Apenas puso un pie en la calle, lo tomaron por la corbata y lo revolcaron en el piso.

Toda la familia que vivía en la casa de al frente, participó en la golpiza que le dieron a mi padre. Entre quienes lo golpearon había familiares de carabineros. Luego lo amenazaron con denunciarlo al Regimiento de Infantería Nº 1 Buin, que está en el vecindario, a pocas cuadras, bajo el cargo de comunista. La amenaza fue verídica, porque a los 15 minutos llegó una patrulla de militares. Con las metralletas golpearon la puerta. Mi hermana mayor abrió, pues mi padre todavía se estaba recuperando de los golpes. Nos arrinconaron contra la pared. Sentí que estaba clavada en el piso. Fuimos apuntados con sus armas y nos preguntaron si aquí vivía don Raúl Antonio Muñoz. Los uniformes, las metralletas. Todo era como una pesadilla.

En medio del miedo paralizante, mi madre pudo incorporarse sobre sus pasos. Entró a la pieza donde se encontraba mi papi y le dijo que lo venían a buscar. Mi padre se levantó de la cama y salió al living donde estábamos nosotros con los militares. Ellos le preguntaron si nosotros éramos sus hijos. Él respondió que sí.

Los militares le dijeron a mi padre que se lo iban a llevar detenido para tomarle unas declaraciones, luego supuestamente lo dejarían en libertad. Mi hermana les preguntó a los milicos sobre el destino. Ellos respondieron de la misma manera, afirmando que lo dejarían libre una vez tomada la declaración en el regimiento Nº 1 Buin.

El cabo Riquelme lideró la operación, él pertenecía al regimiento Buin. Rodearon a mi padre, lo montaron en un Jeep y se lo llevaron. Ni siquiera lo pudimos abrazar, no hubo tiempo de nada. Mi hermana entró al baño para vomitar. Mi madre comenzó a llorar desconsoladamente, diciendo que nunca más íbamos a ver a nuestro querido padre. Recuperada del trance, salí a la calle y pude divisar a lo lejos el jeep donde se lo llevaron. Tenía 14 años, apenas 14 años.

Con el tiempo, pude enterarme que en ese ese jeep, junto a mi padre, había otros detenidos. Fue una cacería de brujas el día que se llevaron a mi papi. Los que viajaban en ese vehículo, posteriormente estuvieron detenidos en el Estadio Nacional, luego fueron liberados. Al cabo de un tiempo, muchos de ellos, murieron a causa de las torturas.

Al pasar los años, un residente de la zona donde vivo, se acercó para decirme que cuando estaban allanando nuestra casa, él tuvo tiempo de escapar con vida, saltando unos muros. Relatada la historia del vecino, pensé que mi padre, ayudó a salvar vidas. En ese tiempo de terror, nadie huía, nadie se les escapaba.

El día que desaparecieron a mi padre, tuvimos que esperar hasta el amanecer para emprender su búsqueda, pues había toque de queda. Esa larga noche todavía teníamos esperanza que lo encontraríamos al día siguiente. Jamás pensé lo contrario.

Finalizado el toque de queda, junto a mi hermana partimos al regimiento Buin a buscarlo. Allí los militares nos salieron con evasivas. Dijeron que al regimiento no había ingresado alguien con el nombre de mi padre. Un militar nos mandó a la comisaria de carabineros del sector, pero igual no obtuvimos respuesta sobre su paradero.

Desesperadas, fuimos al Estadio Nacional, revisábamos las listas y continuábamos sin tener alguna información sobre su destino. Recuerdo que una tía que vivía en Ñuñoa que trabajaba de enfermera en el Estadio Nacional, nos ayudó con la búsqueda. Incluso un día, llamó a mi padre por el parlante interno, pero por desgracia no obtuvo respuesta.

A pesar de esa situación de incertidumbre, nosotros enviamos cigarros, comida y medicinas para tratar su úlcera del pie izquierdo. Fue pasando el tiempo, nos recorrimos Dos Álamos, Tres Álamos y otros centros de detención. No recibimos ni una pista ni huella sobre donde estaba recluido mi papá.

Recuerdo que junto a mi hermana nos dirigimos al Ministerio de Defensa para revisar las listas y conocer de nuevos lugares de detención. En el ministerio, contactamos a un capellán de las fuerzas armadas. El capellán hizo una llamada al regimiento Buin. Habló con capitán, el cual le respondió que una persona con el nombre de mi padre estuvo detenida en esas instalaciones.

En la conversación, el capitán también aclaró que el mismo día de su reclusión en el regimiento, llegó una patrulla de servicios especiales de carabineros, entonces llamado el Grupo Móvil, y se lo llevó, pasada las nueve de la noche. Ellos se lavaron las manos, con la excusa de que lo habrían entregado a carabineros.

Luego el capellán llamó a la sede de los servicios especiales de carabineros, ubicada en San Isidro. Allí trabajaba el yerno de la vecina que denunció a mi padre. Le dijeron que mi padre estaba recluido en el Estadio Nacional, cosa que era mentira. El capellán insistía, pero solo obtenía evasivas. Hasta que preguntó si lo ocurrido con mi padre era un hecho mucho más grave, si habían tirado su cuerpo en alguna parte del camino. Hubo silencio en el teléfono, hasta que el carabinero respondió: «Usted me ha sacado las palabras de la boca, efectivamente el cuerpo de Don Raúl, se nos cayó en la carretera».

Acto seguido, el capellán colgó la bocina y mirando a mi hermana que estaba a punto de desmayarse, le dijo que teníamos que redactar un informe y llevarlo nuevamente al Ministerio de Defensa; que lo importante ahora era hallar el cuerpo y darle cristiana sepultura. Esas palabras nos devastaron a todas, mi madre comenzó a llorar. Nunca aceptamos la idea de que mi padre estuviese muerto.

Recurrimos a la asistente social de la ferretería donde trabajaba mi padre, con la intención de pedir asesoramiento para introducir una querella contra el régimen de Pinochet. Ella se negó a prestarnos su ayuda, no quería meterse en problemas.

Continuábamos buscando a mi padre en los centros de detención. En esos lugares fuimos conociendo a otras personas, sobre todo mujeres que se encontraban en la misma situación de mi familia. El apoyo del Cardenal Raúl Silva Henríquez fue importante para conformar la Agrupación de Familiares de Detenidos y Desaparecidos (AFDD). Gracias al asesoramiento de la Vicaría de la Solidaridad, pudimos introducir un hábeas corpus para intentar a proteger a mi padre. Teníamos la esperanza de que aún estuviera con vida.

Con la AFDD, organizamos protestas, volanteábamos y denunciábamos las violaciones de los derechos humanos cometidas por el régimen de Pinochet. La policía allanó mi casa varias veces, nos amenazaban que no le diéramos mucha luz al gas, que dejáramos de preguntar por mi padre, porque nos iban a meter presas. Incluso fuimos amenazadas de muerte.

No éramos la única familia que padecía amedrentamiento y persecución por parte del aparato represivo de Pinochet. Por sugerencia de la Vicaría, algunas familias intercambiaron las casas. Nos lo ofrecieron por la situación con los vecinos. Nosotros decidimos permanecer en la nuestra porque guardábamos la esperanza de que mi padre algún día pudiese regresar. Y ese día tendríamos que estar para recibirlo.

En dictadura todo mi vecindario estaba militarizado. Un carabinero en situación de retiro era el presidente de la junta de vecinos. Aquí vivían muchos militares, debe ser por la cercanía al regimiento Buin. Los amigos dejaron de ir a la casa, los vecinos murmuraban, pero ni siquiera saludaban. El miedo era tan grande y mi casa estaba marcada. Yo siempre mantuve la frente en alto porque nunca cometí un crimen, tenía mi conciencia tranquila.

En ese periodo, la única persona pendiente de nosotros era una tía que nos visitaba semanalmente para llevarnos comida.

Con la agrupación fuimos a los hornos de Lonquén para solidarizarnos con los familiares de los 15 campesinos de la isla de Maipo que habían sido asesinados por carabineros y depositados en las minas de cal. Eso fue una verdad terrible, temía que a mi padre le hubiese ocurrido lo mismo.

Después del hallazgo de Lonquén, se supo de otros sitios donde habían enterrado osamentas. Todos esos sitios fueron visitados por la agrupación para corroborar si nuestros familiares estaban enterrados en esos lugares.

Nosotros como agrupación protestamos en vano contra el Decreto Ley 2.191 de 1978. El de la amnistía. Existía una sensación de que con esa maniobra legal los asesinatos quedarían impunes, tal como sucedió después.

En esta seudodemocracia, nuestra búsqueda no paró. Un día nos llamaron para informarnos sobre un nuevo hallazgo. Era en el Patio 29 del Cementerio General donde la dictadura había depositado los cadáveres de más de 100 personas. La imagen era espantosa, pues apiñaron los cuerpos en estrechas tumbas.

Entre 1991 y 1994, logramos a través de un recurso judicial, lograr que se exhumaran lo cuerpos del Patio 29. Luego de la exhumación, nos informaron desde el servicio de medicina legal que habían logrado identificar el cuerpo de mi padre.

Recuerdo que ese día nos hicieron pasar familia por familia. Nos tocó ver los signos de torturas en los huesos, los tiros de gracia en los cráneos, las mandíbulas desencajadas por la culata de los fusiles. Mi padre, tenía gran parte de la dentadura volada. Lo identificamos por su estatura (medía un metro noventa) y por su úlcera en el pie izquierdo.

Al salir de la morgue, estábamos desgarrados. Luego de la homilía de un sacerdote, lo sepultamos con la bandera de Chile; era 1994. Se lo llevaron un septiembre y lo sepultamos un septiembre.

Hace como cinco años volvimos a exhumar el cadáver porque hubo errores en la identificación de los cuerpos del Patio 29. Fue la abogada Pamela Pereira, quien denunció el caso. Hubo más de cuarenta familias que habían sepultado a la persona equivocada. Tuvimos revivir nuevamente el proceso desde cero. Fue con el ADN que se pudo lograr la certeza de la identidad de mi padre. Creo que voy a ser hija detenido desaparecido por el resto de mi vida. No es igual, cuando uno observa un cadáver completo, con su cara y su vestimenta. Yo solo vi despojos y huesos. Nos impactó mucho cuando vimos los cajones con huesos la primera vez, pensamos que mi padre descansaba en una urna completa. En esos huesos no vi rastros de él.

Ahora estoy en un trance de la vida, pues la enfermedad me tiene postrada. Pero tengo claro que mientras tenga fuerza, quiero luchar por esclarecer el crimen de mi padre. De los doce inculpados, solo cinco están vivos; entre ellos, está el cabo Riquelme, quien lideró el operativo de captura de mi papá. Yo no quiero venganza. Quiero justicia, quiero conocer toda la verdad.

A pesar del horror vivido en dictadura, este país tiende a olvidar muy rápido su pasado. Una vez fui invitada por la Universidad Mayor a dar una conferencia y los jóvenes no tenían idea de los horrores vividos durante el régimen de Pinochet.

A un militar no se le debe enseñar a matar a su pueblo. Chile debe dejar de enviar militares a la Escuela de las Américas. Tarde o temprano, la verdad sale a relucir. Hay que indagar sobre la verdad, buscar las dos caras de la moneda. No se trata de rememorar el pasado cruel, sino de mantener la memoria viva para que en Chile no vuelva a vivir otra dictadura.

Violeta Zúñiga

Doña Violeta es una de las bailarinas principales de la Cueca Sola. A sus 81 años pertenece a la Agrupación de Familiares de Detenidos Desaparecidos a la cual se incorporó desde su creación. Ella es una de los miembros fundadores del conjunto folclórico de la agrupación. Participó en el encadenamiento a las rejas del antiguo Congreso en 1977. Además de participar en huelgas de hambre, protestas y giras internacionales de la agrupación, llegando a bailar con el cantante británico Sting, quien fuera vocalista del desaparecido grupo Police.

En su juventud junto a su compañero Pedro, militaron en el Partido Comunista, llegando incluso a estudiar en la Unión Soviética. Su compañero Pedro fue detenido desaparecido un 9 de agosto de 1976.

Esta casa es muy helada, muy fría, y mis huesos se entumecen. No hace mucho bailé la Cueca Sola, fue en un cementerio, en el funeral del esposo de la Carmen Hertz, allí la bailé por última vez. Ando con las rodillas medio estropeadas. Tengo artrosis, estoy medicándome. Yo no podía caminar, era un dolor intenso. En las noches llegaba llorando a la casa debido al dolor, era terrible. Estuve inyectándome durante dos meses.

El tratamiento me ha hecho caminar mejor y he podido bailar un poquito. El médico me recetó una plantilla, porque la rodilla se me quiere salir hacia fuera. Ayer las compré, aunque no me inyecté sigo tomando un remedio que es para toda la vida.

Entre dolores pasa la vida, así que me acostumbré a hacer las cosas por capítulo. Así transcurren mis días.

En los años sesenta, junto a mi esposo Pedro, militábamos en el Partido Comunista. Yo ayudaba a mi compañero a vender el diario *El Siglo*. Recuerdo que íbamos casa por casa. Solíamos hacer pintadas en medio de la noche. También participábamos en marchas y concentraciones. En esa época existía mucha represión contra la militancia del Partido Comunista.

Comencé con el grupo folclórico recién ingresada a la Vicaría de la Solidaridad, mi compañero fue detenido desaparecido el 9 de agosto de 1976. En esa época acudimos a la Vicaría para interponer recursos de amparo. La Vicaría se convirtió en nuestra sede, éramos en su mayoría dueñas de casa. Formamos el conjunto integrado en un principio por más de treinta compañeras. Recuerdo que fuimos de oficina en oficina preguntando si querían integrar un conjunto folclórico de la Agrupación de Familiares de Detenidos Desaparecidos.

La primera presentación pública que hicimos fue el 8 de marzo de 1978 en el teatro Caupolicán. Había mucho miedo, pues estábamos en plena dictadura. La gente nos acompañaba, nos cuidaban a la salida. Éramos jóvenes, cantábamos y repartíamos panfletos en las micros, en el Paseo Ahumada. A veces nos reprimían los Carabineros y teníamos que salir corriendo.

Había un día específico en que nos sentábamos todas en el Paseo Bulnes. Era un tiempo de protesta, en el que exigíamos a Pinochet que nos informaran sobre nuestros esposos y familiares. Protestábamos frente a la Llama de la Eterna Libertad, un fuego ceremonial que el dictador y sus acólitos habían encendido para conmemorar el golpe de Estado que derrocó a Salvador Allende.

Otra forma de protesta era obstaculizar el tráfico, parándonos en plena vía. Un día junto a mis compañeras protestamos frente al edificio Diego Portales, donde antes de la dictadura, igual que ahora, funcionaba el Centro Cultural Gabriela Mistral. Pero entonces, antes de que reconstruyeran La Moneda, era la sede de la Junta Militar. Yo era buena para los gritos y consignas. Al llegar los carabineros, echamos a correr; pero igual fuimos detenidas.

Recuerdo que un día llegó un funcionario estadounidense a los tribunales. Pude escabullirme entre el cordón de seguridad y entre-

garle una carta con las denuncias sobre de nuestros desaparecidos.
Una vez entregada, fui detenida nuevamente por carabineros; en
esa ocasión pude soltarme y escapar detrás de los tribunales donde
me esperaban otros compañeros de la Agrupación de Familiares
de Detenidos Desaparecidos. Sin embargo, pese al esfuerzo, logra-
ron apresarnos. Nos llevaron a una comisaría; entonces un policía
me apuntó con su fusil y me preguntó si quería morir allí mismo.
Afuera las compañeras se movilizaban. Al instante, la noticia sobre
nuestra detención, salió por Radio Moscú y por Radio Cooperativa.
Los simpatizantes del régimen, nos decían las locas de Plaza de
Armas. En aquellos días nos cansábamos de escuchar que nuestros
maridos se marcharon con otras mujeres. Una de las partidarias de
la dictadura que nos decía esas cosas era la cantante y hoy panelista
de televisión Patricia Maldonado. Imagino que ahora debe estar
calladita.

Presas estuvimos muchas veces. Junto a mis compañeras estuve
presa en la correccional de mujeres por el encadenamiento en las
rejas del antiguo Congreso. Aún detenidas, el dictador Pinochet
nos quería exiliar del país. La gente nos imploraba que nos fuéramos, incluso hubo gente de afuera, del extranjero, que nos ofreció
alojamiento, pues temían por nuestras vidas.

En la correccional nos poníamos a cantar y las monjas a cargo
se molestaban, recluyéndonos adentro. Felizmente, al cabo de
unos días de estar detenidas, nos dejaron en libertad. Hay muchas
anécdotas que contar, pero con los años se olvidan.

Tengo muchas fotos de aquellos años, guardadas en un cajón.
Tengo fotos con el cantante Sting, fotos de mi compañero, tenía 38
años cuando desapareció. Tengo fotos de cuando bailé la Cueca
Sola frente al Palacio La Moneda, era plena dictadura.[31] Ese día me
enfermé porque hacía un frío que entumecía los huesos. Y tuvimos
que ir tempranito a sacar la foto para eludir a la policía. Fueron
unos extranjeros quienes me la sacaron. Y después me la hicieron
llegar. Era tan joven, a veces me da susto verme en las fotos.

En el cajón guardo una poesía que le escribí a mi compañero.
Una poesía que dice así:

Hay un pedazo de tierra que se llama Pedro

Detrás de un pueblo está Pedro,
luchando, cantando, silbando,
también trabajando como obrero en la Vega Central.
sus manos grandes como la tierra que dejaba sus huellas al caminar.
sus manos estaban aquí y allá
como la golondrina ya dejado el nido
le han vendado los ojos,
 y es detenido desaparecido,
le han torturado y mantienen oculto,
lo han atado de manos,
ya no podrá echarse un saco,
de bruces cae,
como un palomo sin alas,
quiere volar con nosotros.
Pedro, aquí tienes un pedazo de tierra
que es tu camino,
la tierra,
es tuya, patria, la hora llega contigo
tu sangre,
de tu patria no podrán arrebatarte
tu semilla crecerá junto a tu pueblo,
pueblo de eternidad,
hoy estás defendido con garras y manos
junto al campesino y al mar.
de norte a sur,
de cordillera a océano.
en nuestra patria chilena conquistada
contra las pirañas del loco veneno,

patria de sufrimiento, creció tu imagen,
tu imagen tricolor,
El sol nació
el tricolor levantará todas las manos
que inmoladas fueron,
crecerán con todas las manos juntas.
Avanzar hasta el final
de las estrellas.
y juntas a ellas con sus rostros
luchar.

Se me han perdido muchos poemas, otros los he prestado y nunca más supe de ellos. Muchos de mis escritos provienen de mi exilio en Canadá. Una vez la Vicaría organizó una exposición donde presentó mis poemas. No recuerdo la fecha de mi exilio, ni cuánto tiempo estuve en otro país. Lo único que recuerdo es que luchaba por volver. En Canadá trabajé cuidando niños para poder regresar. Decían que no tenía que hacerlo porque, decían, me había involucrado en el atentado contra Pinochet. No querían que retornara, pero volví de todas maneras.

El golpe contra Allende, me agarró fuera del Chile. Al igual que mi compañero, fui militante del Partido Comunista. Yo era secretaria de educación del partido y mi compañero fue secretario político del comité de Viña del Mar y de Valparaíso. En ese periodo, el partido me encomendó la tarea de viajar a la Unión Soviética. Al principio no quería, porque intuía que venía el golpe de Estado. Luego me convencieron y Pedro me alentó a cumplir con la tarea asignada.

El golpe me pilló en la Unión Soviética, faltaba una semana para regresar a Chile. Íbamos a realizar un viaje de estudio a Siberia cuando me avisaron que se había gestado un golpe. En la Unión Soviética los militares nos cuidaban, mientras en mi país los militares nos perseguían y mataban.

A raíz del golpe, deciden separar al grupo de chilenos que estábamos allá. Fue por razones de seguridad. La separación fue muy dolorosa. Una vez dispersos nos dedicamos a trabajar en la producción, había que ganarse el sustento. Nos levantábamos a las tres de la mañana para ir a las fábricas. Por seguridad me cambiaron de nombre. Yolanda Andrade fue mi nueva identidad. Me puse ese nombre porque mi familia me decía Yola, y el apellido en honor a un diputado con quien trabajé en Valparaíso, haciendo labor social. Por eso cuando me dijeron que me pusiese un nuevo nombre me autobauticé Yolanda Andrade.

Al tiempo, me dijeron que tenía que estar preparada porque debía volver a Chile. Salí de la Unión Soviética rumbo a Italia donde estuve también trabajando como obrera en una fábrica. Dormía en el hotel donde se alojaba José Orlando Millas, quien fue ministro de Hacienda en el gobierno de Allende. Los compañeros decían que tenía que ser muy discreta.

En Italia estuve en Florencia y en Venecia donde debía renovar mi pasaporte todos los meses con el nombre de Yolanda Andrade. Recuerdo que los compañeros italianos de la fábrica se metían mucho conmigo, y me decían: «Ustedes son unos indios, andan con el plátano en la cabeza…». Frente a sus insultos decidí quedarme callada, pues el gerente de la fábrica era un camarada del Partido Comunista y no quería perjudicarlo. A veces lloraba, pensando que no volvería. Pensaba en mi familia y en mi Pedro. Estaba preocupada pues no sabía nada de su paradero.

En Italia fui obligada a borrar de mi cabeza nombres y direcciones de los camaradas del Partido Comunista de Chile. Olvidé incluso algunas palabras rusas, que de vez en cuando delataban mi estadía en la Unión Soviética.

Un día, estando en Roma, recibí una llamada de Chile diciéndome que me tenía que regresar. Para ese entonces mi Pedro todavía vivía. Ya estaba montada en el avión y hubo una alarma de bomba; fui la última que salí porque de los nervios no podía desabrocharme el cinturón. Perdí el vuelo que venía para Chile. Luego abordé otro vuelo que hacía escala en Alemania. Cuando llegué por fin a mi país recuerdo que era de mañana, hacía frío, neblina y además toque de queda.

Pasé por los controles de inmigración y mostré el pasaporte con mi identidad de Yolanda, sin novedad. Pero de repente, cuando ya había pasado los controles, escuché una voz que me ordenaba volver donde el policía de extranjería para ver de nuevo mi documentación. Empezaron a revisar hoja por hoja. Un tipo con voz altanera me interrogó, preguntándome de dónde venía y con quien había estado en Italia. Le respondí que uno si tiene dinero puede viajar a donde uno quiera y con la persona que uno desee. Yo salí —le dije—porque me dio la gana de salir. Mientras hablaba, el tipo revisaba de manera minuciosa el pasaporte. El aeropuerto no era como el de ahora. Desde la caseta del policía observaba a mi cuñada y a mi hermano que me esperaban afuera. Ellos hacían señas, pero yo estaba muy nerviosa porque el hombre continuaba mirando el pasaporte.

Antes de mi llegada, habían detenido a Horacio Cepeda en este mismo aeropuerto de Santiago; y cuando regresaba también desde la Unión Soviética. Tenía miedo y aunque no lo demostrase, pensaba que iban a detenerme. Al cabo de unas horas, por fin pude salir del aeropuerto para dirigirme a la avenida Sur, de la comuna de Maipú, donde vivía mi hermana. Allí, semiclandestina, al fin pude encontrarme con mi Pedro.

De Maipú me fui a vivir con él a la calle Catedral, donde vivimos por un tiempo.

En aquellos días, Pedro seguía haciendo trabajo político desde la clandestinidad. En una oportunidad, me pidió que lo acompañara al sur, a entregar una plata a unos camaradas del partido. Abordé el tren y los billetes los coloqué entre mis muslos y el asiento. Luego mire a Pedro, diciéndole que me iba a parar para entregarle la plata con mucha discreción, como si los dos fuéramos unos desconocidos. Bajé del tren y él se fue a cumplir con su misión.

Al cabo de un tiempo, el Partido le asignó a Pedro otra tarea. Nuevamente me pidió que lo acompañara. Esa vez yo me negué, tuve un mal presentimiento. Le dije que la noche anterior había soñado que lo detenían, que le colocaban cadenas y que lo lanzaban al agua. Le imploré que no fuera. No importa que a los compañeros les falten algunas cosas. Él respondió que tenía que ir, pues debía entregar una plata y recibir un encargo. En vano traté de convencerlo, incluso le recordé innumerables veces mi fatal sueño. Le rogué tanto que no fuera .Y ese día salió de la casa para no volverle a ver jamás.

No volvió, y preocupada fui casa de mi hermana en Maipú. Mario, mi cuñado, tratándome de consolar, me dijo que quizás Pedro no llegó porque lo agarró el toque de queda y tuvo que pasar la noche en casa de algunos amigos. Yo le respondí que eso era imposible, porque Pedro siempre llegaba primero, pues tenía las llaves de la pieza que habíamos arrendado en Catedral.

Al día siguiente, llovía de una manera espantosa. Tenía paperas, era el mes de agosto y hacía mucho frío. Partí en su búsqueda, al llegar a Catedral una vecina me informa que Pedro no llegó la noche anterior. La vecina gentilmente me invitó a pasar a su departamento. Allí estuve un tiempo calentándome con la estufa. Eran las diez de la noche y Pedro no aparecía, él siempre llegaba a las ocho. Angustiada, salí de donde la vecina con la intención de forzar la puerta de mi cuarto. Abrí la puerta de un empujón. Prendí la estufa, puse la tetera, por si acaso Pedro regresaba. A la una de la madrugada fui invadida por un mal presentimiento. Empecé a revisar todo, buscaba evidencias que pudiesen incriminar a Pedro. Saqué las fotos; tenía planeado al día siguiente marcharme nuevamente a casa de mi hermana.

A la salida del departamento, pude observar a un hombre en actitud sospechosa. Estaba asustada y no tenía dinero ni siquiera para poder abordar una micro. Creo que ese hombre sabía dónde vivía Pedro. Lo miré a la cara y él me esquivó la mirada. Ese hombre sabía que Pedro era mi compañero. Corrí hacia la Alameda con la finalidad de dirigirme a casa de mi hermana. Un joven se apiadó de mí y me prestó dinero para la micro. A la mañana siguiente vi al joven allí mismo y le devolví su dinero.

Durante varias noches volví al departamento de Catedral. Una noche encontré que habían forzado la puerta. Le pregunté a la vecina que quien entró forzosamente al departamento. Ella respondió que no había visto ni escuchado nada. Su respuesta me enfureció, pues tenía la certeza de que ella disponía de información. La increpé varias veces, hasta que me confesó que fueron unos hombres vestidos de civil, y que habían llegado en un auto rojo. Según la vecina, dos de ellos se bajaron del vehículo y le preguntaron sobre mi paradero. Ella afirmó desconocer la hora de mi llegada, pero les dijo a aquellos hombres que don Pedro solía llegar a casa más tarde. Ellos, con risa irónica, le dijeron a mi vecina que mi esposo ya no regresaría jamás.

Estuve varios días perdida, sin saber que hacer o que acciones tomar. Ya no tenía vínculos con el partido, pues era peligroso y además me lo prohibieron. Al cabo de un tiempo, tuve una corazonada y me dirigí al Arzobispado, de allí me mandaron la Vicaría de la Solidaridad, ubicada en la Plaza de Armas. En la Vicaría recibí orientación sobre las acciones legales que podía tomar para exigir a la dictadura que me informaran sobre el destino de mi esposo.

La Iglesia nos apoyó desde el principio, hubo sacerdotes muy comprometidos en la defensa de derechos humanos. El padre Mariano Puga y el cardenal Raúl Silva Henríquez me tendieron sus manos solidarias. En la Vicaría, la Agrupación de Familiares de Detenidos y Desaparecidos, tenía su sede.

Por intermedio de la Vicaría interpuse recursos de amparo y tomé otras acciones legales. Eran días terribles, no podía comer, si lo hacía lo vomitaba todo. Era vigilada. Si volteaba la cabeza, tenía un tipo atrás siguiéndome. Una tarde, caminaba por la avenida Almirante Barroso, cuando pude divisar un auto amarillo del cual se bajó un hombre que en tono imperativo me dijo que subiera al vehículo. No sé de dónde saqué fuerzas, pero pude escapar y perderme entre la gente y los vehículos. Hasta el día de hoy, no sé quién era ese hombre ni que intenciones tenía.

Vivía sola, aunque de vez en cuando visitaba a mi hermana. Pedro me había dicho y reiterado que si le pasaba algo, nunca debía volver a la primera casa donde viví con él. Pero no tenía donde ir, así que regrese al antiguo hogar. No tenía plata y por lo menos ese inmueble estaba a nombre de nosotros. En nuestra ausencia, allí residía un tal Leandro, miembro de las juventudes comunistas. A él también lo mataron.

Fueron días de mucha soledad. Decidí vivir sola por temor a comprometer a mi familia. Dos hermanos pertenecían a las Fuerzas Armadas. Si preguntaban por mis parientes, decía que el problema era solo conmigo. Dejaba claro que mi familia nada tenía que ver con mis acciones de protesta. Ellos también pasaron susto, a mi hermano mayor, que era de la Fuerza Aérea, me lo mataron. Él andaba con una revista soviética, todo el tiempo bajo el brazo. Murió en el Hospital en circunstancias desconocidas. Eso quedó impune porque mi cuñada nunca hizo nada para aclarar los hechos.

El otro hermano se llamaba Iván, de joven se caracterizó por ser rebelde y contestatario frente a sus superiores de la Escuela de Infantería, ubicada en San Bernardo. Una noche no quiso hacer guardia y desertó. Se fue para la casa y allá lo fueron a buscar. Le hicieron correr desde Avenida Colón a la Gran Avenida bajo la amenaza de que si lo alcanzaban lo mataban. Pudo llegar a salvo. Él tuvo más suerte que mi hermano mayor, murió recientemente.

Al tiempo tuve que vender la casa, porque me salieron unos quistes en los senos. No disponía de recursos. Esa razón me obligó a venderla por precio regalado. La ayuda extranjera llegó, pero no fue continua. En dictadura perdí todo. Tuve que comenzar de cero, cuidando niños. La casa en la que vivo en la actualidad no me pertenece, es arrendada.

Ahora estamos todos viejos, los años no pasan en vano. Tengo ochenta y un años y apenas puedo bailar la cueca. A esta edad, nadie cuenta los años. Cuando me vi en las fotos, en la entrevista con Benjamín Vicuña a propósito del programa «Chile: Imágenes prohibidas», con motivo de los cuarenta años del golpe, me emocioné mucho. Fui convidada por él a bailar la Cueca Sola en la Iglesia de avenida Pedro de Valdivia.³²

Hacía frío, llovía intensamente ese nueve de agosto. Precisamente fue aquel día en que desapareció mi compañero Pedro. Luego de bailar, estaba muy emocionada. Lloré y estoy arrepentida de haberlo hecho. Tengo el video, me fue obsequiado en Navidad, pero no lo he podido ver porque no dispongo de un equipo para verlo.

Los años no pasan en vano. Quiero pasarlo tranquila. Me gusta ir a los ensayos del grupo folclórico los sábados. Si hay una presentación voy, y si puedo bailar la Cueca, la bailo; si no la baila otra compañera. Me gustaría ir a las marchas, pero las piernas no me dan para correr. Ahora me dedico a mis dos perritos, uno se llama Garzón y está tan viejo como la mamá.

Han pasado treinta y ocho años y nunca pensé que los compañeros iban a desaparecer. Siempre pensé que solamente serían detenidos para luego liberarlos. Lo único que supe, fue que Pedro cargaba un abrigo beige y que se lo prestó a un compañero. Ambos estuvieron detenidos en Villa Grimaldi.

Con el pasar de los años, pudimos averiguar que había sido Miguel Estay Reyno, *El Fanta*, quien delató a mi esposo y a los familiares de doña Carmen Vivanco. Recuerdo que El Fanta era miembro de las Juventudes Comunistas.[33]

Tengo la esperanza, que con una prueba de ADN, puedan identificar el cadáver de mi esposo entre unas osamentas localizadas en zona conocida como Cuesta Barriga. Allí parece que hay enterrados tres dirigente sindicales y uno de ellos puede ser Pedro.

La identificación de los cuerpos ha resultado un proceso complicado, pues hay muchos huesos dispersos productos de que fueron removidos de los cuarteles para enterrarlos posteriormente en ese lugar, mediante una operación ordenada por el dictador y conocida como «Operación retiro de televisores». Antes de morir yo quiero saber qué pasó con Pedro.

Aún sueño con él, y siempre se ríe en mis sueños. Dice: vengo a buscarte Viole, arréglate porque nos vamos ahora. Le digo: vete tú primero, que pronto te alcanzo. Cuando llego al lugar, no era nadie, era otro hombre desconocido. En otros sueños lo veo de espaldas y dice: vámonos.

A veces sueño que vamos en barcos diferentes, solo alcanzándonos a saludar con un gesto que se pierde en la distancia. Tengo muchos sueños con mi Pedro. Él viene a visitarme y le digo. ¿Por qué vienes y te vas? Le reclamo que se quede conmigo. Luego despierto y vuelvo a la misma soledad.

Desde que desapareció Pedro, no celebro la Pascua ni el Año Nuevo, porque los abrazos a uno le remueven todos los recuerdos. Prefiero evitar en esas épocas el contacto con la familia, a pesar de que ellos nunca han dejado de invitarme.

Todavía hay impunidad del Estado chileno. No quiero perdón, basta de perdón. Lo único que deseo es saber que pasó y donde lo enterraron. Después de tres décadas, siento que todavía hay miedo. Si no le tuve miedo a Pinochet en la dictadura, no le tengo miedo a nada. Aún siento rabia cuando veo por televisión como la policía golpea a los jóvenes.

Carmen Vivanco

Carmen Vivanco nació en la segunda década del siglo pasado. Su historia de lucha junto a su padre y a su hermano Hugo comenzó a los 14 años en las salitreras. Aprendió a leer con los periódicos del Partido Comunista que circulaban clandestinamente en la región de Antofagasta. Ella fue testigo del surgimiento del movimiento obrero chileno en las duras condiciones de vida en las oficinas salitreras del desierto nortino.

Desde muy joven, su padre la involucró en las luchas sindicales, llegando a estar relegada durante el periodo de la Ley Maldita promulgada por Gabriel González Videla (1946-1952), la que tenía por finalidad proscribir la participación política del Partido Comunista.

Doña Carmen es una de las integrantes fundadoras de la Agrupación de Familiares de Detenidos Desaparecidos (AFDD). Participó tanto en el encadenamiento a las rejas del Congreso, como en las huelgas de hambre y giras de la agrupación.

La dictadura de Pinochet actuó implacablemente contra su familia, deteniendo y desapareciendo a su esposo, a su hijo, a su hermano, a su cuñada y a su sobrino, todos en 1977. Recientemente, el Centro de Estudios Nacionales de Desarrollo Alternativo (CENDA), una fundación que preside el economista Hugo Fazio —exvicepresidente del Banco Central de Chile y exgobernador alterno del Banco Interamericano del Desarrollo (BID) entre 1970 y 1973—, le otorgó un reconocimiento por «Servicios prestados al pueblo chileno».

Mi nieto me dice que no haga muchas cosas, debo cuidarme a mi edad. Pero no puedo quedarme tranquila, tengo que cocinar, me gusta la cocina. A veces quisiera irme a un hogar de cuidado para no molestar, pero mi familia me dice que debo quedarme tranquila. Son 98 años, es mucho, para qué tanta vida. Yo estoy quedando, y no sé para qué quedo.

Realmente es imposible que pueda ver a los desaparecidos de mi familia. A mi edad, no voy a verlos más. Desde que los detuvieron, ha pasado tanto tiempo, que apenas puedo recordarlos en sueños.

Nací en Ovalle, junto a mi hermano Hugo, quien también fuera detenido y desaparecido por la dictadura de Augusto Pinochet. Quedamos huérfanos de madre cuando tenía tres años. De Ovalle nos trasladamos a las salitreras porque mi padre Arturo allí consiguió trabajo. En la oficina Aníbal Pinto. Yo tenía entre ocho y nueve años cuando nos mudamos.

Crecí en las salitreras, mi padre trabajaba mucho y ganaba poco. No había sindicato, mi padre ayudó a organizarlo. Era muy solidario, muy trabajador.

Aprendí a leer con una profesora que venía mensualmente de Antofagasta. En Aníbal Pinto solo había tres años de escuela primaria, leíamos todo lo que llegaba a nuestras manos. Con mi hermano nos gustaba mucho la historia de Chile. Nunca pude hacer estudios secundarios, mi padre carecía de recursos económicos para pagarnos los estudios a mi hermano y a mí.

Mi padre solía llevarnos a escuchar a los dirigentes del Partido Comunista que iban a las salitreras. Mi padre recibía unos diarios que eran muy pequeños, que los distribuían los camaradas del partido.

Como mi papá no sabía leer, nos pedía a mi hermano o a mí que leyéramos el diario, creo que se llamaba *El Despertar de los Trabajadores* y era distribuido clandestinamente por las noches. En aquellos tiempos, se escribía mucho de Rusia, de las condiciones de sus trabajadores. Mi padre era miembro de la Federación Obrera de Chile (FOCH). Apenas llegaba el diario, a veces a la una de la mañana, me pedía que le leyera.

A mis catorce años, salía con las mujeres a reclamar por las condiciones de los trabajadores. Era la más joven del grupo. Exigíamos que nos dieran las fichas para poder comprar el carbón y la carne. Las fichas solo alcanzaban para comer. No había salario en dinero, pagaban con fichas, y con las fichas nos dirigíamos a la pulpería y cambiamos fichas por alimentos. Era el único lugar donde se podían cambiar.

En las salitreras comencé a trabajar en las llamadas cocinas apagadas. A veces no llegaba la comida para los trabajadores y tenía que salir con un megáfono de cartón a convocar a las otras mujeres con el fin de protestar y hacer presión para que llegasen los víveres. El trabajo en la cocina era agotador, nos acostábamos a las doce de la noche y nos levantábamos a las cinco de la mañana. Era una jornada extenuante, terminaba tan cansada, que sentía deseos de morirme.

Las protestas fueron curtiendo mi carácter. Mi espíritu luchador fue forjado en las duras condiciones de vida de las salitreras.

En las salitreras, comencé trabajar en un almacén que pertenecía a un hombre de origen chino. A los diecisiete años, dirigentes del partido comunista me invitaron a participar en sus reuniones. Nos reuníamos en Pampa Unión, en la zona de Antofagasta.

Mi padre trabajó mucho en las salitreras, hasta que la edad se lo permitió. Luego tuvimos que irnos a la ciudad de Antofagasta donde mi papá había conseguido trabajo de obrero municipal, recogiendo la basura. Recuerdo que mi padre siempre nos decía a mi hermano Hugo y a mí que jamás delatáramos a un compañero, aún en las peores circunstancias. Esas palabras me acompañaron durante toda mi vida y aún me resuenan en el presente.

Entre los diecinueve y los veinte años tuve más conciencia de las responsabilidades y deberes de una militante del Partido Comunista. Recuerdo que trabajamos como miembros del partido en la campaña de Juan Antonio Ríos, en 1942, donde resultó presidente de la República.

En ese periodo también me casé. Fue con mi compañero Oscar Ramos, quien durante la dictadura, junto a mi hermano Hugo Vivanco, fue detenido y desaparecido. Mi esposo era de la Juventud Comunista y luego pasó a ser miembro del partido. Previo a Pinochet, ambos nos opusimos al gobierno de Gabriel González Videla por la llamada Ley Maldita, que proscribió al Partido Comunista. Recuerdo que Videla también rompió relaciones con la Unión Soviética.

La persecución de González Videla contra el Partido Comunista nos costó tres meses de prisión en la cárcel pública de Pisagua. Irónicamente, más tarde Pinochet también utilizó esta cárcel como campo de concentración.[34]

De Pisagua fui relegada a Chillán, donde estuve dos meses, tenía que ir todos los días a firmar en la comisaria de carabineros, hasta que un día me fugué y me fui a Antofagasta. Mi esposo en cambio permaneció preso en Pisagua durante un año. En Antofagasta, el partido cambió mi identidad. Recuerdo que fui bautizada con el nombre de Zulema.

La vida ha sido difícil, pero no me arrepiento de lo que he hecho. Tuve que dejar a mi hija de nueve meses con mi padre y su esposa. Pero no pude hacer nada, mi camino de lucha se había iniciado en las salitreras y no iba a desistir. Yo fui criada por el Partido Comunista. Siempre recordaré a José Vega Díaz militante, dirigente sindical y miembro de la Federación Obrera de Chile. Y al compañero Víctor Díaz, detenido y desaparecido en 1976.

En época de Salvador Allende, vivía junto a mi esposo en Santiago. Trabajábamos arduamente en la campaña, repartíamos propaganda, visitábamos casa por casa, participábamos en marchas y concentraciones. Allende nombró muchos dirigentes de base en cargos importantes. Mi esposo fue designado intendente de Puerto Montt, mientras yo estaba en gira con las mujeres del partido, dando a conocer la labor de Allende. Ya había nacido mi segundo hijo, Oscar, quien también fue arrebatado de mis brazos por Pinochet.

Los días previos a la caída de Allende, había mucha agitación política y en las calles. Había desinformación, y una campaña sucia contra la gestión de Allende. Fueron tiempos de intrigas políticas y de polarización social. La situación era similar a lo que se está viviendo en Venezuela con el presidente Nicolás Maduro.

Teníamos temor y ansiedad, porque el 4 agosto del 1976 la Dirección de Inteligencia Nacional (DINA) había interceptado a mi hermano Hugo[35] en la calle Cóndor esquina de San Francisco. Horas después, se llevaron a su esposa, Alicia. Ambos pertenecían al Partido Comunista.

Al poco tiempo, también desaparece su hijo Nicolás, quien era mecánico, miembro del Partido Comunista y trabajador de la imprenta Horizonte. Él tenía que partir a San Felipe con la finalidad de ocultarse, pero prefirió ir al regimiento para conocer sobre el paradero de sus padres. Allí fue detenido y nunca más lo hemos vuelto a ver.

Recuerdo que mi esposo y mi hijo fueron detenidos en la casa donde vivo actualmente, aquí en Santiago. Mi hijo, al momento de ser detenido, trabajaba en el montaje de radios, mi esposo se encontraba en reposo, pues estaba muy enfermo. No obstante, mi compañero clandestinamente enviaba dinero al Sur, para el Partido Comunista.

Ellos fueron detenidos mientras me encontraba fuera de casa, averiguando sobre el paradero de mi hermano y su esposa. Creo que fue Miguel Estay Reyno, «El Fanta», quien delató a mi familia.

Posterior a las detenciones fui acosada por agentes de la DINA que se hacían pasar por miembros de la Vicaría la Solidaridad. Yo nunca les abrí la puerta.

Un día en mi casa, se apareció el mismísimo Álvaro Corbalán, jefe de la Central Nacional de Informaciones (CNI). Quiso intimidarme para que desistiera de buscar a mis familiares. Fui interrogada por más de cuatro horas y quisieron que firmara una declaración que los exculpara bajo el argumento de que habían sido los grupos de izquierda, quienes se habían llevado a mis familiares. Impulsada por la necesidad de conocer el paradero de mis cinco familiares, incluyendo mi esposo y mi hijo, ingresé a la Agrupación de Familiares de Detenidos Desaparecidos. Fui activista y luchadora, pero nunca baile la Cueca Sola, porque no sabía bailar.

Con la agrupación participé en huelgas de hambre y el encadenamiento a las rejas del antiguo Congreso en el año 1979. Por esa acción, varias fuimos detenidas y llevadas a la correccional de mujeres.

Recibimos mucho apoyo de la Iglesia, hubo muchos curas que estuvieron contra la dictadura de Pinochet. El Cardenal Raúl Silva Henríquez, fundador de la Vicaría la Solidaridad nos prestó su ayuda y apoyó en la conformación de la agrupación.

Viajamos a Canadá, Suecia, Holanda, Dinamarca, Inglaterra y Estados Unidos para denunciar la represión y el exterminio cometidos por la dictadura de Pinochet.

Durante el periodo de la Concertación, nos reunimos con varios presidentes: Patricio Aylwin, Eduardo Frei, Ricardo Lagos y Michelle Bachelet. En ninguna de esas reuniones tuvimos repuesta sobre el destino de nuestros familiares desaparecidos. Lo último que supe de ellos, es que fueron detenidos en Villa Grimaldi junto a Pedro, esposo de la Violeta Zúñiga, compañera de la Agrupación de Familiares de Detenidos Desaparecidos.

Luego de la desaparición de mi esposo y de mi hijo, viví un tiempo de intensa soledad y tristeza, que se extendió por doce años. Estaba sola, llegaba a casa y sentía mucha pena. No obstante, me mantuve activa en la lucha a través de la agrupación. A veces no tenía qué comer. Esta situación también era vivida por la mayoría de los integrantes de la agrupación. Vivíamos pobremente.

De mis desaparecidos, creo que quizás fueron tirados al mar. Ya no tengo esperanzas. Casi no sé llorar, pero siempre los recuerdo. ¿Qué habrá sido de mi hijo, si en prisión necesitaba agua, quien se la daría? A medida que pasaba el tiempo, he dejado de llorar, pero de vez en cuando, los recuerdos asaltan mi mente y en silencio me desahogo. La tristeza no deja nada. A pesar de tener dificultades para caminar. Tengo que luchar hasta donde sea posible. Mientras tenga voz honraré la memoria de mi padre y de la Federación Obrera de Chile.

Genoveva Vivanco

Genoveva Vivanco es la hija sobreviviente de doña Carmen Vivanco. Ella fue criada por sus abuelos por medidas de protección, debido a las persecuciones políticas que desde muy jóvenes padeció el matrimonio Ramos Vivanco. Genoveva fue testigo de cómo la DINA se llevó detenido a su padre y a su hermano un día 5 de agosto 1976.

En la actualidad, ella vive junto a su madre y ha sido artífice de su recuperación psicológica luego de la desaparición de sus cinco familiares. Su casa está habitada por nietos y bisnietos que llenan de alegría la vida de doña Carmen. Esos niños son el bálsamo que calmó la herida producida por la pérdida.

Era muy niña, no recuerdo mucho cuando detuvieron a mi madre la primera vez. Eran los tiempos de González Videla y se había promulgado la Ley Maldita que prohibía al Partido Comunista. Luego de caer presa en el regimiento, mi madre doña Carmen Vivanco y Oscar Ramos, decidieron dejarme con los abuelos en Antofagasta. Era el año 1947, tenía un año cuando me dejaron en casa de los abuelos.

En casa de los abuelos, nunca me falto comida ni vestido. En el fondo, mi abuelo me sobreprotegió porque no quería que su nieta, tuviese la misma de suerte de sus hijos.

Una vez salida de la cárcel, mi madre nos visitaba ocasionalmente. En aquellos años los viajes se hacían en tren, duraban como tres días. En la adolescencia conocí a mi hermano menor; había entre nosotros una diferencia de cinco años.

Mis padres estaban radicados en Santiago. Ellos habían perdido todo en la época de Videla, luchaban por reconstruir su vida. Yo los visitaba anualmente en vacaciones escolares, preferí quedarme con los abuelos. Ellos envejecían y necesitaban de mis cuidados. En la época que detuvieron a mis familiares estaba de visita en Santiago. Recuerdo que a la casa vino la tía Alicia para informarle a mi madre que se habían llevado a mi tío Hugo Vivanco.

Mi madre aconsejo a mi tía que regresará a su casa para eliminar documentos, pruebas que podían delatar las actividades que hacia mi tío para el Partido Comunista. Al rato, mi madre me pide que vaya a casa de la tía Alicia para apoyarla.

Cuando llegó allá, encuentro a mi primo Hugo, muy perturbado, nervioso, dice que se habían llevado a su madre. Una vecina le informó la mala noticia, esa señora fue amenazada por la DINA por el solo hecho de informarle a mi primo sobre la detención de la tía.

De regreso en casa, alertó a mis padres sobre la desaparición de la tía. Ellos siguieron normales, quizás pensando que no correrían con la misma suerte de los tíos Hugo y Alicia. Mi padre no quiso moverse de la casa, mi hermano tampoco, pues pensaban que al que podían detener era a nuestro padre por dirigente del Partido. Sin embargo, creo que la DINA tenía la orden de llevarse a todos los varones mayores de una casa, independientemente de que militaran en la izquierda o no.

Recuerdo, que uno de los integrantes de la Junta Militar, decía que el marxismo era cáncer y que había exterminarlo de raíz.[36] Mi hermano no estuvo inmerso en política. Su único pecado para la dictadura fue haber sido guardaespaldas de papá, cuando se desempeñaba como Intendente de Puerto Montt.

Mi madre salió de la casa con la intención de buscar a mis tíos. Tenía mucho miedo. Cerca de la una de la tarde, se escucha una voz proyectada en un megáfono, diciendo que abriéramos la reja.

Mi hermano abrió la puerta y unos tipos vestidos con ropa de civil entraron a la casa. Le preguntaron dónde se encontraba papa. A mi hermano lo esposaron y se lo llevaron. A mi padre lo buscaron en la pieza de atrás. Dijo: hija, pásame la chaqueta que ya me llevan. Intentó pasarme una nota, pero los agentes se dieron cuenta y me la quitaron. No pidieron mayores explicaciones, ni siquiera preguntaron cuál era mi nombre.

Después de que se llevaron a mis familiares, pudimos ver a mi primo Hugo, dos veces más. Pero a él también lo desparecieron. Creo que fue detenido en uno de los tantos centros de detención donde solía buscar a sus padres.

De regreso en casa, mi madre pidió que me fuera con mi hijo de tres años. Ella temía por nosotros. Yo regresé Antofagasta, tenía mucho miedo, pues pensaba que la policía podría estar detrás de mí.

Luego, de vez en cuando venía a Santiago a visitar a mamá. Era testigo de allanamientos perpetrados por la DINA y tenía que declarar en los procesos judiciales.

Fue una época muy dura para todos, incluyendo a la esposa de mi primo, que había quedado viuda con tres niños. A pesar de la tristeza y el dolor, mi madre nunca dejó de luchar. Ella fue una de las fundadoras de la Agrupación de Familiares de Detenidos Desaparecidos y fue una de primeras mujeres que se opuso a la dictadura de Pinochet. En esos días mi madre no paraba en la casa, su hogar era la Agrupación.

Las mujeres de la Agrupación de Familiares de Detenidos Desaparecidos le dieron valor al temor que tenía nuestro país. Lo sacaron del miedo. Si había mujeres protestando contra la dictadura, ¿por qué no iban a protestar los hombres, los estudiantes? Ellas fueron un ejemplo de lucha para todo Chile.

Nosotros realizamos todas las gestiones para hallar a nuestros familiares desaparecidos. Pero como ellos estuvieron presos en Villa Grimaldi, ahora creemos que sus cuerpos fueron tirados desde un helicóptero, como hicieron con Marta Ugarte, cuyo cadáver horriblemente torturado, apareció en la playa de la Ballena

[180 kilómetros al Norte de Santiago, cerca del balneario de Los Molles]. Casualmente a doña Marta la detuvo la DINA, unos días antes que a que mis familiares. Todos, a excepción de mi hermano, eran miembros del Partido Comunista.

En el año 1987, vine a Santiago con mis cuatro hijos a quedarme definitivamente en casa de mamá. Creo que le cambiamos la vida, porque eso la sanó. Ella vio graduarse a sus nietos en la universidad. Está viendo crecer a sus bisnietos.

A sus 98 años, insiste en hacernos la comida, en tendernos la ropa. Todavía está pendiente de todos nosotros, si nos hace falta algo, si tenemos una necesidad. Todos en casa la admiramos y la queremos. Ella es un ejemplo vivo para todos.

Lucía Sepúlveda

Durante el gobierno de Salvador Allende, la periodista Lucía Sepúlveda era militante del Movimiento de Izquierda Revolucionaria (MIR), trabajaba en el Canal 7 (Televisión Nacional de Chile, TVN) y era dirigente sindical de esa planta televisiva. Durante la dictadura fue compañera del legendario periodista Augusto Carmona, ayudándolo a organizar el aparato comunicacional del MIR en la clandestinidad. Lucía fue vigilada y perseguida por el aparato represor de Pinochet, situación que la forzó al exilio.

A su regreso, Lucía se incorporó a la lucha contra los plaguicidas y los transgénicos. En la actualidad pertenece a la Red de Acción en Plaguicidas y sus Alternativas. Ha sido editora de la revista de educación ambiental *Mosaico*, en Casa de la Paz.

También es autora del libro *Chile: la semilla campesina en peligro*, en conjunto con la Red de Acción en Plaguicidas y sus Alternativas para América Latina (RAP-AL).

Ingresé al Movimiento de Izquierda Revolucionaria (MIR) dos años antes de que Salvador Allende asumiera la presidencia. Esta decisión la tomé porque dentro de esa organización, los dirigentes tenían una coherencia de principios, que los llevaba a ser consecuentes entre lo que decían y lo que hacían. El MIR como organización política tuvo el acierto de acoger en su seno a todos los sectores que estaban comprometidos con el cambio social, independiente de la ideología. Antes de ingresar a sus filas, pertenecía a los grupos cristianos identificados con la Teología de la Liberación. El MIR nunca fue un partido sectario, en sus filas militamos muchas mujeres en una época que no era frecuente.

Ser militante del MIR en la época de Salvador Allende, era asumir que Chile necesitaba cambios revolucionarios para acabar con la desigualdad existente, para que sectores sociales ignorados históricamente como los campesinos, los mapuches, los trabajadores y los pobladores fueran dignificados. El MIR representaba una alternativa frente a la izquierda tradicional, pues en ese entonces, los Partidos Socialista y Comunista estaban inmersos en una política de compromisos, eran partidos que a los ojos de nuestra militancia estaban profundamente desprestigiados.

Al principio el Partido Comunista estuvo muy lejano a la propuesta del Che, a la guerrilla latinoamericana y a todo el proceso político que se abrió a partir de la revolución cubana. Nosotros fuimos una generación muy marcada por esa revolución caribeña. Solo en los últimos días de Allende, el Partido Comunista se acercó a la estrategia de lucha armada que el MIR había planteado desde el principio.

Los jóvenes latinoamericanos, incluyendo a los chilenos, estábamos muy atentos a lo que sucedía en Cuba, a la gesta del Che Guevara. Para la mayoría de los jóvenes que simpatizábamos con la revolución cubana, la opción del MIR era la más lógica.

En los primeros años de Allende, Chile vivió un periodo de tremenda alegría, uno salía a la calle y se encontraba con medio mundo. Obreros, campesinos transitaban por el Centro de Santiago, lugar antes vedado socialmente para ellos. Se creó una suerte de confraternidad, donde diversas capas sociales interaccionaban, mediados por la esperanza de una vida mejor exenta de desigualdad.

Nuestro partido tuvo muchas contradicciones con el gobierno de Allende, pero había un horizonte común, que era la esperanza de cambiar la sociedad, haciéndola más junta y solidaria. El MIR era una organización política relativamente joven, luchábamos contra el reformismo. Lo que estábamos trabajando con las comunidades teníamos un perfil más abierto.

Las únicas actividades resguardadas relativamente eran aque-
llas que pertenecían al ala militar del partido. Nosotros pensába-
mos que el plan para neutralizar un golpe contra Allende iba a
funcionar. Las capacidades eran muy escasas, incluyendo las comu-
nicaciones que imposibilitaron a horas del golpe, la conexión entre
la base y la dirigencia. Frente al golpe no hubo conducción política,
haciendo que la resistencia fuese aislada.

Previo al golpe militar contra Allende, se hacen elecciones en la
Universidad de Chile ganando un rector asociado a la democracia
cristiana. En ese entonces, el Canal 9, bastión comunicacional de la
izquierda revolucionaria, pertenecía a esta universidad. El nuevo
rector intentó recuperar el control del Canal, cambiando al perso-
nal directivo. Los sindicatos y la junta directiva se opusieron a la
medida, pues no querían que el Canal se convirtiera en un feudo de
la derecha.

Los sindicatos, liderados por mi pareja de aquel entonces,
Augusto Carmona, decidieron tomar las instalaciones del Canal.
Este conflicto se extiende hasta una semana antes del golpe militar
cuando la Corte Suprema ordena desocupar el Canal. Del gobierno
nos avisan que depongamos la protesta, para evitar un posible
derramamiento de sangre.

Fue muy doloroso, porque nosotros como comunicadores sociales sabíamos lo que estaba haciendo *El Mercurio* y el Canal 13 en
contra de la democracia. Perder el Canal 9 fue perder la última trin-
chera mediática de la revolución. Desde ese momento, entendimos
que ya no se podía evitar el golpe de Estado.

Augusto era dirigente del Sindicato de la Televisión Nacional, colaboraba con la revista *Punto Final* y representaba al Frente
Nacional de Trabajadores Revolucionarios (FTR) que era el frente
sindical del MIR. Yo pertenecía al sindicato del Canal 7.

Como periodistas ambos cubríamos la fuente del Congreso.
Nosotros empezamos a salir. Él era mayor, tenía una trayectoria

dilatada como comunicador. Yo apenas estaba saliendo de la práctica profesional. Lo miraba con mucho respeto. Augusto era un hombre muy cálido, muy abierto. Era bueno para el baile y muy dado a los amoríos. No era el militante solemne, pero tenía una sólida formación política. Nuestra historia fue de encuentros y desencuentros. No fue la relación idílica, pero su compañía fue muy enriquecedora.

Estuvimos separados un año entero, pero en un viaje a Cuba volvimos a coincidir y decidimos estar juntos de nuevo. Él quería tener un hijo, idea a la que me oponía por el clima político previo al golpe. El argumento empleado para convencerme era que pese a la guerra en Vietnam, las mujeres seguían teniendo hijos. Finalmente me convenció y decidimos tener un niño. Mi hija nació en marzo del 1974. Nada más pudo disfrutarla tres años, pero tuvieron una relación muy estrecha, pues él pasaba mucho tiempo en la casa debido a su situación de clandestinidad.

La caída de Allende fue un golpe durísimo, un golpe al corazón. Jamás imaginamos el terror, la persecución, los asesinatos que vendrían después. Ninguno estuvo preparado para afrontar la crueldad del régimen pinochetista. Esa crueldad, escapó de todo cálculo.

Al momento del golpe solo hubo dos opciones. La primera era huir, salir del país y la segunda era la de quedarse y luchar desde la clandestinidad. Ante esas dos opciones, tuvimos que renunciar a nuestra vida pública para levantar un movimiento de resistencia que permitiera derrocar a la dictadura.

El MIR, que había un tenido un discurso en torno a la lucha armada y a los movimientos guerrilleros emancipadores, no se planteó la posibilidad, la alternativa de las salvaciones individuales. Desde el MIR se llamó a resistir en las fábricas, en los campos, en los puestos de trabajo. Por lo tanto, el MIR jamás pensó en traicionar ese discurso. La resistencia contra la dictadura no fue un acto heroico, sino fue la consecuencia natural que se desprendía de la lucha del partido en años anteriores.

Una de las primeras tareas planteadas por nosotros, era reagrupar y reorganizar la estructura comunicacional del partido, pues antes del golpe en el MIR militaban muchos periodistas, cineastas, y técnicos audiovisuales. Esta red de comunicadores tenía la misión de recolectar noticias sobre los crímenes de la dictadura que incluían prisión política, torturas y asesinatos, para ser difundidos en el exterior, particularmente en México.

Esa información también tenía la intención de contrarrestar la estrategia comunicacional de la dictadura, la cual en 1973, publicó el *Libro Blanco del cambio del gobierno en Chile*, en cuyas páginas se difundió la falsa historia de que Allende preparaba un autogolpe, que incluía el asesinato de militares y sus familias.

Nuestro objetivo era publicar un libro sobre los crímenes de la dictadura para desenmascarar sus mentiras mediáticas. Tarea que no se pudo concretar, porque cuando la Dirección de Inteligencia Nacional (DINA), allanó la casa de la periodista Gladys Díaz, incautó todo el material que habíamos recabado para la publicación del libro. Ella pertenecía al MIR y fue detenida en febrero de 1975.

En la clandestinidad, los periodistas militantes del MIR sacábamos el periódico *El Rebelde* en microfilm. Recuerdo que había que tener una lupa para poder leerlo y que circulaba estrictamente entre gente de confianza. Se escribía el texto y luego teníamos talleres de fotografía que se encargaban de llevarlos a microfilm. Eran tareas pequeñas, pero muy necesarias en función de organizar nuevamente el partido.

Entre 1973 y 1975 la mayoría de la dirigencia de los partidos de izquierda estaba presa o en el exilio. Prácticamente el MIR fue el único partido que se encargó de reorganizar la lucha desde la clandestinidad. Este hecho, era conocido por la DINA, de allí la represión feroz que se desató contra su dirigencia.

Esta operación fue denominada Operación Colombo y no solo fue diseñada para neutralizar y asesinar a la cúpula del MIR, sino también para causar terror y parálisis en los sectores que se oponían al régimen pinochetista. Los últimos desaparecidos de la operación fueron aquellos que pertenecían a las estructuras militares del MIR. Casi todos ellos fueron aniquilados en 1975.

Dentro del MIR también existieron delatores, uno de ellos, Leonardo Schneider, mejor conocido como El Barba Schneider, fue el responsable de entregar información que permitió la captura y asesinato de la dirigencia del MIR.

La operación Colombo fue parte del temible Plan Cóndor y en sus inicios, la prensa chilena aliada al dictador, empezó a difundir información de supuestos enfrentamiento armados entre los diferentes grupos de izquierda por dinero y liderazgo. Cuando los medios de comunicación publican la lista de los supuestas víctimas de enfrentamiento, ya ellos habían sido detenidos y desaparecidos por la DINA. Recuerdo que el titular más vergonzoso del periodismo chileno en toda su historia fue el del diario *La Segunda*, quien publicó la lista de los muertos, con el titular: «Exterminados como ratas».

En la clandestinidad, mi compañero Augusto era el encargado de las relaciones políticas y de alianzas con otras organizaciones de izquierda para impulsar la búsqueda de acuerdos destinados a formar un frente amplio de resistencia popular. Gracias a su trabajo en la revista *Punto Final*, Augusto tenía muchos contactos con líderes de otros partidos de izquierda.

Para protegernos cambiábamos de identidad a menudo, generalmente utilizaba nombres masculinos como Xerox, Isaías. En el MIR también existía un taller de documentación. Hubo una compañera que trabajaba en el Registro Civil. Su misión era sustraer el material de carnet para elaborar en los talleres los documentos de identificación.

Esos documentos salvaron las vidas de muchos, incluyendo la mía, pues pudimos forjar otra identidad. Gracias a esa maniobra pude alquilar una casa y posteriormente mandar mi hija al colegio. Teníamos dos vidas, una civil y otra política en la clandestinidad.

En ese tiempo la DINA sido había sustituida por la Central Nacional de Informaciones (CNI). Esto significó el fin de las desapariciones y comienzo de las ejecuciones políticas. Sobre la muerte de Augusto en 1977 existen varias versiones. Yo prefiero creer que murió en un enfrentamiento. Recibió gran cantidad de impactos de balas. Su muerte me tomó por sorpresa. Augusto nunca llegó y activé el plan de emergencia que previamente habíamos conversado. Abandoné la casa y dejé a mi hija Eva en casa de unos amigos.

El asesinato de Augusto fue el primer acto de Odlanier Mena como jefe de la CNI. El día que asesinaron a mi compañero, Mena había regresado de Uruguay en la mañana para luego estar presente en el lugar donde lo mataron. Con Mena la CNI refinó sus métodos para infiltrar y vigilar. Esta estrategia le permitió detener a cualquier persona empleando el elemento sorpresa. Uno literalmente era cazado como un animal por la CNI.

El año 1986 fue un año catalogado por muchos de nosotros como un año decisivo. Se produjo el atentado a Pinochet en el Cajón del Maipú, lo que trajo un incremento de la represión. El MIR estaba muy debilitado, estaba desgarrado por las discusiones mal resueltas. Nelson Gutiérrez se había marchado de las filas del partido, porque era partidario de que la lucha tenía que ser política. Nosotros, incluyéndome, éramos de la teoría de que la lucha tenía que ser armada y política. Esa diferencia de posturas debilitó muchísimo al partido.

En la época del atentado, vivía junto a mi hija en una zona de Macul. Un día pudimos detectar que éramos objeto de seguimiento, y tuvimos que abandonar la casa a una hora en la que sabíamos que no éramos vigilados. Salimos vestidos como si fuéramos a casa de unos amigos, no cargábamos maletas ni nada que pudiese generar sospechas.

Nos fuimos a la playa, y luego pasamos de pueblo en pueblo. A mi hija tuve que dejarla al cuidado de una pareja de amigos. Yo tenía documentación falsa para salir del país, pero al poseer otra identidad no podía llevarme a mi hija. Pensé que la salida hacia Argentina a lo sumo duraría unos meses. Pero en mi ausencia se concretó otra división del MIR, situación que dificultó a corto plazo mi regreso.

Al tiempo pude reunirme con mi hija, porque pude convencer a la persona que había registrado a mi pequeña con su apellido, que le otorgara un permiso de viaje. Hasta el día de hoy mi hija me reclama las vicisitudes que le hice vivir y por el hecho trágico de no tener padre.

Luego de la caída de la dictadura, recuerdo que un gobierno de la Concertación organizó una mesa de diálogo con los militares con la finalidad de conocer el destino de los detenidos desaparecidos. En esas reuniones, se pudo conocer que muchos disidentes políticos habían sido tirados al mar. Se publicaron varias listas y en ninguna aparecía el nombre de compañeros del MIR asesinados por la dictadura. Fue como si el MIR no hubiese existido nunca, ni siquiera en el en discurso oficial. Esto nos motivó a organizarnos como familiares, amigos y compañeros de miristas caídos para reivindicar sus nombres, y para contar su historia. Partimos del principio que si no había justicia, por lo menos, tendría que existir memoria. Nunca aceptaremos que borren a nuestros compañeros de la historia de este país. Ellos fueron un ejemplo de lucha, pundonor y resistencia. Se calcula que más de ochocientos miristas fueron asesinados por la dictadura.

La Concertación en Chile no representa políticamente a las verdaderas aspiraciones del pueblo. Es una alianza con los sectores que tienen el poder en este país. No le gusta incomodar, siempre está jugando al equilibrio, sin tomar en cuenta las necesidades de la gente. Con la Concertación no habrá justicia, solo gestos de vez en cuando para hacer creer internacionalmente que se está castigando a los perpetradores de crímenes de lesa humidad.

En el tema de indemnizaciones y reparaciones, la Concertación con los llamados casos emblemáticos, continúa reproduciendo la mentalidad de clase. Hubo mucha gente que perdió todo, que fue torturada, que le asesinaron familiares. Ellos han recibidos migajas en comparación con casos emblemáticos. Cuando se va a los tribunales chilenos a pedir la reparación, el Consejo de Defensa del Estado, la niega. Esto es una gran contradicción, porque por un lado, el Estado aparece defendiendo la causa penal para castigar a los responsables y por otro lado, se inhibe en los procesos de reparación por crímenes de lesa humidad.

Los compañeros que fueron víctimas de prisión política, tienen que renunciar a las demandas por reparación para recibir una miserable pensión. Mientras los gobiernos de la Concertación continúen cabalgado sobre el modelo político y económico heredado de la dictadura, jamás habrá justicia. Nuestra misión es mantener viva la memoria para que el pueblo chileno nunca olvide que este país fue gobernado durante 17 años por un régimen de terror.

Mireya García

Mireya García en la época de Allende perteneció a las juventudes del Partido Socialista. Con apenas 17 años, fue detenida y torturada por la dictadura de Pinochet. En su exilio en México colaboró con la Agrupación de Familiares de Detenidos Desaparecidos (AFDD) y a su regreso se incorporó plenamente a ella. Participó en el Piquete de Londres contra el dictador y en diversos países, para denunciar los crímenes de lesa humanidad cometidos en dictadura, entre ellos la detención y desaparición de su hermano Vicente, ocurrida un 30 de Abril de 1977. Doña Mireya, ha sido una luchadora activa de los derechos humanos durante el periodo que abarcó el régimen militar. Ha sido vicepresidenta de la AFDD y candidata al congreso por el Partido Socialista. Mireya posee una vasta obra publicada que abarca libros, ponencias, cartas y artículos, destacando: «Caso Pinochet: Recuperando la Esperanza en la Justicia», artículo en el diario *Liberación*, Italia; «La impunidad y sus efectos en la política», ponencia en seminario organizado por la Fundación de Asistencia Social de Iglesias Cristianas, FASIC; y «Carta al General en Retiro», en el diario *La Tercera*, entre otros.

En la época de Salvador Allende era militante de las Juventudes Socialistas Militar fue una oportunidad de vida, sentíamos que estamos aportando nuestro esfuerzo a la construcción de una nueva sociedad que se estaba construyendo en conjunto. Fuimos una generación muy comprometida, solidaria. Existía compromiso social y estábamos dispuestos a sacrificarnos por el otro, por el bien común. Dudo que esa generación movida por los ideales, se repita nuevamente en el tiempo que nos queda por vivir.

De nuestra generación, surgieron líderes políticos importantes, pero la esencia de lo que significó ser militante de la izquierda, se perdió con el paso del tiempo. Los diecisiete años de dictadura, combinados con los años de exilio de muchos de nosotros, contribuyeron a diluirnos como generación en la historia. Hoy somos sobrevivientes, nos ven como muebles viejos que de vez en cuando incomodamos al poder.

En discusiones con camaradas que militan o militaron en el Partido Socialista, el tema generacional es un tema recurrente, pues creemos que no existe el relevo de esos jóvenes que lucharon y creyeron en Allende. Nosotros fuimos una generación que soñó que era posible construir un nuevo modelo de sociedad.

Previo a la caída de Allende, todo el mundo hablaba de que iba a ocurrir un golpe, pero creo que eran muy pocas las personas que entendían qué significaba un golpe de Estado. Toda mi familia era de izquierda, mi padre fue dirigente sindical y líder de la Central Unitaria de Trabajadores en Concepción. Gracias a él pudimos comprender realmente lo que significaba un golpe contra la democracia, pero en realidad nadie estaba preparado para defender el gobierno de la Unidad Popular.

Antes del golpe, dentro de las fuerzas políticas de izquierda que apoyaban a Allende, hubo quizás mucho afán de protagonismo. El Movimiento de Izquierda Revolucionaria (MIR) pecó de poco sentido de la realidad y el Partido Socialista (PS) tuvo excesivo sentido de la realidad. Ante esa situación, no había posibilidad de encuentro a pesar de que perseguían un objetivo común. En definitiva, faltó madurez política y pueblo. Quizás muchos sectores de izquierda fueron muy elitistas. El MIR y el PS contaban con una dirigencia tan bien formada, tan consistente ideológicamente, pero a la vez tan dogmáticas, que era inevitable el desencuentro que tanto daño hizo al gobierno de la Unidad Popular.

Hubo gente que resistió, pero lo hicieron de corazón, con profundo sentimiento de lealtad con la Unidad Popular, pero jamás existió un movimiento de resistencia organizado y preparado. A pesar de que sabíamos que venía un golpe, se convirtió en una gran sorpresa. Y cuando ocurrió, pensamos que iba a durar poco, que iba ser algo transitorio.

El golpe fue como el despertar de un sueño, nosotros estábamos construyendo algo que era bueno para todos; con Allende se le daba la leche a los niños, se estaban cambiando las condiciones laborales, se estaban construyendo viviendas dignas a los trabajadores. Y luego, esa situación de indefensión, de no saber qué estaba ocurriendo. La comprensión política del significado del golpe no fue inmediata, costó varios años entender el porqué de todo lo que vino después de Allende.

Fui detenida el 19 de septiembre de 1973, estaba en casa de una amiga, junto a otros compañeros de las juventudes socialistas. Nos ocultamos, teníamos miedo, no había conducción política y no sabíamos qué hacer. Éramos unos niños que buscábamos desesperadamente la manera de salvarnos.

Unos boinas negras de la Armada allanaron la casa con una violencia brutal. Nos apuntaron con un fusil en la cabeza. De allí nos llevaron a la Base Naval de Talcahuano, donde fuimos torturados, incomunicados y privados de alimentos por varios días.

De la base fui trasladada a la isla Quiriquina donde me enteré de que mi padre también estaba detenido. En la isla aproximadamente había unos 1 200 detenidos, en su mayoría hombres.

La isla era un pequeño campo de concentración nazi, tenía alambres de púas, torres de vigilancia. La vida era horrorosa, porque cuando nos llamaban por los parlantes para ir a ser interrogados en la Base Naval de Talcahuano, sabíamos que íbamos a sufrir torturas y vejaciones de todo tipo. Teníamos que caminar al muelle, abordar una embarcación a sabiendas de lo que nos esperaba en Talcahuano, vivíamos una situación completamente agónica. Era un viaje que se repetía constantemente.

Luego regresabas a la isla y tus compañeros te daban cariño y apoyo. Y cuando más o menos estabas repuesta, de nuevo te llevaban a Talcahuano. El cautiverio fue duro, todo fue tan trasgresor para una menor de edad. Yo tenía apenas 17 años. La tortura física y psicológica, el abuso sexual, jamás se puede olvidar ni asimilar. Se quedan grabados en tu mente para siempre y persiguen tu vida de una manera u otra, pero la persiguen. Las mujeres siempre somos más vulnerables en situaciones de cautiverio y las mujeres jóvenes pareciera ser que mucho más. Dentro de la isla existía un fuerte llamado Fuerte Rondizzoni. En sus instalaciones mi padre fue torturado por cuatro días. Luego fui llamada para constatar que a mi padre lo habían convertido en un despojo humano. Existía tanta crueldad que le dijeron a mi papá que él quedaba libre, pero su hijita se quedaba con ellos.

Las mujeres que nos encontrábamos en la isla Quiriquina fuimos trasladas a la cárcel de Tomé. Éramos presas comunes, sometidas a un régimen carcelario terrible donde nos encerraban a las cinco de la tarde y nos sacaban a las siete de la mañana para bañarnos con agua helada que entumecía los huesos. Después te traían un café en una olla donde los presos preparaban la comida. Era café con una capa de grasa.

Al salir, quedé bajo régimen de presentación, tenía que ir a firmar. En ese periodo fui detenida varias veces y vuelta a liberar. Fue una persecución constante, la que me obligó a exiliarme del país.

Sobre la detención de mi hermano Vicente el 30 de abril de 1977. Él contaba con 19 años. Al momento de su desaparición mi hermano trabajaba en el departamento internacional del Partido Socialista en la clandestinidad, encargándose de enviar y recibir la comunicación que venía desde afuera.

En ese periodo, Vicente se enamoró de una chica que provenía de una familia que pertenecía al Partido Comunista. En su casa vivía una persona que era de mucha confianza, y que estaba haciendo servicio militar. Esta persona estaba adscrita a la Dirección de Inteligencia Nacional (DINA) y sustrajo del auto de mi hermano, una revista en cuyo interior guardaba unos documentos del Partido Socialista.

El día anterior, es decir el 29 de abril, mi hermano contrajo matrimonio con Karin Reimer. Ambos tenían la misma edad al momento de casarse y ser detenidos. Posteriormente, ella fue liberada, Vicente no tuvo la misma suerte y se convirtió en detenido desaparecido de la dictadura.

La desaparición de mi hermano ocurrió en un periodo de transición entre la DINA y la Central Nacional de Informaciones (CNI), por lo que se hace muy complicado establecer las responsabilidades. Luego de años, tenemos escasos indicios de su paradero. Tampoco hay procesados por el caso de mi hermano. La desaparición forzada de personas es una tortura permanente para los familiares de las víctimas.

Todos, incluyendo mi padre y mi hermana tuvimos que irnos del país, dejando sola a mi madre. Mi hermana fue la última que se despidió y aún no se perdona haber dejado a mi madre sin casa, sin medios económicos y con un hijo detenido desparecido. La dictadura separó y desgarró a nuestra familia.

En el exilio, primero estuve en Argentina y luego en México, donde tuve la oportunidad de reencontrarme con mi padre, que lo habían pedido unos sindicalistas mexicanos. En México, trabajé en la Casa de Chile y en la Agrupación de Familiares de Detenidos Desaparecidos (AFDD), colaborando estrechamente con la Agrupación en Chile.

En 1987, regresé a Chile, incorporándome de lleno a la AFDD para continuar en la lucha. El retorno no fue fácil, yo era de Concepción y Santiago se había trasformado en una ciudad lejana para mí. No tenía lazos ni círculos. Sentí que había mucho temor, mucho miedo. Yo también sentí miedo, pero pude transgredirlo. Lo que más me impactó es que el país todavía existía la misma pobreza. Fue nuevamente encontrarme con la misma desigualdad, pero lo que más me impactó fue que aún en Chile permanecía la dictadura.

Ya como miembro de la AFPP, viajé a Londres y participé activamente en el piquete que se hizo a Pinochet. Estuvimos frente a la casa, en la clínica y en la Corte haciendo presión. Pensamos que en algún momento el dictador iba ser extraditado a España. Vivimos todo con mucha emoción, con mucha esperanza hasta el momento en que Pinochet regresó a Chile. Desde ese instante, en que se baja de la silla de ruedas para montarse en el avión, se empieza a escribir la historia de la impunidad del dictador.

En democracia también me incorporé a la Comisión Rettig, y desde entonces hemos combatido contra la impunidad. Luchar por mantener la memoria y al mismo tiempo obtener justicia es una tarea muy difícil. Justicia y memoria, parecieran que se han convertidos en demandas incomodas para el poder político. Percibo que el tema de los derechos humanos continúa siendo incómodo para determinados líderes políticos.

En este Estado de transición hacia la democracia, son muchas las contradicciones en torno los crímenes de lesa humanidad cometidas por la dictadura. Esta contradicción se originó con una frase de Patricio Aylwin, quien afirmó que se hará justicia en la medida de lo posible.

Esas palabras marcaron el accionar del Estado sobre el tema de la violación de los derechos humanos, desde la creación de la Comisión Nacional de Verdad y Reconciliación en 1990 hasta el presente. Solo así se podría explicar, las acciones del Estado que violentan la memoria y su discurso, como la designación de James Sinclair como embajador en Australia

La frase del expresidente Aylwin denota que la transición hacia la democracia en Chile fue pactada con la dictadura. En este contexto, las denuncias sobre violación de los derechos humanos, atentaban contra la transición. Y como ciudadano lo hacen entrar en esa lógica, porque lo más anhelamos las víctimas de la dictadura es preservar la democracia.

Toda la creencia de que estamos en una plena democracia, no solo se revierte por el tratamiento que el Estado hace a los derechos humanos, sino también por un tema fundamental que es el acceso a sistemas de salud y educación gratuitos y de calidad. Esa falta de acceso lleva implícito también una violación a los derechos humanos.

No obstante, productos de nuestras reivindicaciones y luchas, existe hoy en Chile una valoración de lo que son los derechos humanos. Este fenómeno se observa en una asociación de las demandas sociales con el tema de los derechos de las personas. Ni con los milicos en la calle ni decretos, se podrá revertir el hecho de que los derechos humanos están internalizados tanto en la mente de las personas como en el conjunto de la sociedad.

Nosotros hemos sido consecuentes con nuestras luchas, hemos buscando sin desfallecer a nuestros familiares. La gente ha valorado nuestra gesta y de esa valoración se desprende algo más profundo que es la internalización de los derechos humanos.

El Estado chileno tiene que dejar de ser ambivalente para que en conjunto con la ciudadanía podamos avanzar en el tema del Derecho a la Vida y el Derecho a la Integridad de las Personas. Ese doble rasero del Estado nos coloca en un túnel, porque necesariamente para avanzar en el derecho de las personas es necesario afrontar las violaciones de los derechos humanos cometidas en dictadura.

En Chile no basta con lo que han hecho los familiares de las víctimas, efectivamente tiene que existir un Estado que utilice la educación para informar sobre todo lo que sucedió durante el régimen dictatorial y que desarrolle leyes para defensa de las personas. Nosotros no necesitamos más partidos políticos, sino que la Declaración Universal de los Derechos permee toda la estructura del Estado y de la sociedad.

Hasta ahora, existe un Estado complaciente, que ha tenido muchos temores. Tengo las impresión que la gente cede muchas cosas, entre ellas ciertos principios con tal de mantenerse en el poder. La Concertación no escapó a este axioma de la política, porque aún hay impunidad. Y la impunidad en las violaciones de los derechos humanos es un fenómeno anormal aquí y en todas partes.

Un ejemplo de impunidad es que todavía en este país exista la Ley Nº 2191 de 1978 que concede amnistía a las personas que, en calidad de autores, cómplices o encubridores hayan incurrido en violaciones de derechos humanos en época de dictadura. Esta ley no ha sido derogada, ni reinterpretada, ni muchos menos anulada. Las penas a los perpetradores de crímenes de lesa humanidad son ínfimas, casi irrisorias, con muchos beneficios. Esto lleva a plantear la necesidad de que el tema de los derechos humanos sea una asignatura implantada desde los colegios hasta la universidad. Mientras no exista una contención ética ni legal, continuarán ocurriendo violaciones a los derechos humanos.

El tema de la memoria para la Agrupación de Familiares de Detenidos Desaparecidos y para todas las víctimas de la dictadura, es una lucha fundamental, porque Chile es un país que indudablemente tiene problemas de memoria. A lo largo de nuestra historia, se han cometido grandes matanzas, violaciones, traumas históricos muy fuertes. Más allá de una canción que de vez cuando nos recuerde nuestro pasado, no existe una reflexión ni un rescate de la memoria y los legados sobre los hechos dolorosos de la historia.

El Estado no solo debe quedarse en monolitos, en placas y museos. Rescatar la memoria va mucho más allá, pues existe una necesidad de rescatar legados políticos de esas víctimas que murieron y desaparecieron en dictadura. Ellos contribuyeron una sociedad distinta y lucharon contra la dictadura.

El régimen bárbaro en nombre de una ideología despareció, torturó y mató gente. Esa ideología creo y financió un aparato de represión. Nosotros también teníamos una ideología para combatir la dictadura.

La derecha en este país es fuerte y queda pendiente el tema de la reforma constitucional, cuyo debate implica el cuestionamiento de la ideología de una Constitución originada en dictadura. Adoptar una nueva Constitución involucra establecer el principio de que las violaciones de derechos humanos cometidas a cualquier ciudadano chileno son un crimen contra la humanidad, sancionado en cualquier circunstancia. Ese principio sería un hito significativo para el rescate de la memoria.

Los casos emblemáticos generan indignidad, porque en las víctimas no hay casos emblemáticos, todas son víctimas. En este país el tema de clase está presente en todo, incluso en la muerte, en la desaparición y en la tortura.

Cuando el Estado resalta un caso en particular sobre otros, está reproduciendo la estructura de clases, creando una situación de desigualdad que es muy dolorosa, porque precisamente una de las motivaciones de las víctimas de la dictadura era luchar contra esa estructura de clase tan brutales que han existido en este país desde siempre.

Son muy pocas las familias que recibieron indemnización, pero la mayoría de nosotros no estuvimos pendiente de recibir una compensación. Nuestro tiempo se iba en dar apoyo a los familiares, en ir a los lugares de hallazgo de osamentas, de ir y venir a los tribunales. Entre tantas cosas, fue mucho tiempo después que descubríamos algo que se llama demanda civil, que es absolutamente justa y necesaria.

El saldo político de la AFDD es lograr mantener viva por cuarenta años la necesidad de verdad y justicia por los detenidos y desaparecidos. Ellos están presentes en toda la sociedad y en toda la institucionalidad. Nadie puede borrarlos de la historia de Chile, ni siquiera la derecha política.

Conclusión

Situación de los derechos humanos en Chile

La Concertación mantiene una política de impunidad ante los crímenes de lesa humanidad cometidos durante la dictadura, manifestándose en la falta de voluntad política para derogar o anular el Decreto Ley de Amnistía de 1978. Incluso dentro de la Concertación han existido iniciativas orientadas a cerrar los procesos penales por detenidos-desaparecidos del periodo 1973-1978, tal como contemplaban los proyectos de Ley Aylwin de 1993 y el proyecto de ley Frei de 1995. Ambas iniciativas contaron el apoyo de la Fuerzas Armadas y de la derecha política. No obstante, fueron rechazadas por la fuerte oposición que hizo la Agrupación de Familiares de Detenidos Desaparecidos.

La negativa de la derecha política de tomar acciones más contundentes contra los violadores de los derechos humanos partiría de la concepción de que dichos crímenes tienen una justificación histórica, política y social, tal como se desprende de una declaración de Clara Szczaranski: «Las instituciones armadas de Chile son inocentes, cualquiera sea el mando que las sacó de rumbos instigados por intereses civiles y externos a la vida militar. Las instituciones necesitan liberarse del peso injusto que las agobia».[37]

Las declaraciones de la expresidenta del Consejo de Defensa del Estado (1996-2005) pronunciadas el 19 de julio de 2003 a *El Mercurio*, obvian el hecho que el golpe contra Allende fue en esencia militar, y quienes asesinaron, torturaron y desaparecieron fueron en su mayoría efectivos de las Fuerzas Armadas chilenas, y que muchas instalaciones militares se convirtieron en campos de concentración y exterminio.

No obstante, la negativa del gobierno chileno de que el general Pinochet fuera extraditado a España desde Londres en 1998, constituye la prueba más contundente del temor de la Concertación de impartir justicia a las víctimas de crímenes de lesa humanidad. La justicia no puede relativizarse por la política, porque el ciudadano termina perdiendo la credibilidad en las instituciones y por ende en la democracia. La ausencia de justicia también alarga el sufrimiento emocional y psicológico de las víctimas. Este fenómeno se ha podido constatar en todas las entrevistas realizadas para este libro.

Designación de involucrados en cargos públicos

La costumbre estatal de designar a efectivos militares y civiles constituye otro elemento que fortalece la impunidad y la percepción de la victimas de que en Chile es débil o inexistente el Estado derecho. Esta percepción también tiene su origen en la actual vigencia de una Constitución originada en dictadura.

Existen varios casos emblemáticos muy bien documentados en los medios de comunicación chilenos. Uno de ellos es el caso del brigadier general Sergio Espinoza quien dirigió un pelotón de fusilamiento que acabó con la vida de cuatro dirigentes del Partido Socialista de la ciudad de Iquique y posteriormente fuera nombrado por Eduardo Frei como inspector general del Ejército. Espinoza además fue nombrado como jefe de la misión de observadores de la ONU en la frontera entre India y Pakistán. En aquella oportunidad fue Isabel Allende (hija del presidente derrocado), quien formuló la denuncia ante la Cámara de Diputados y los medios de comunicación chilenos.[38]

Otro caso es el del excapitán y diputado de Renovación Nacional (RN) Rosauro Martínez (exalumno de la Escuela de las Américas), quien habría participado en un operativo militar que asesinó en 1981 a los militantes del MIR Eugenio Monsalve Sandoval, Próspero Guzmán Soto, y Patricio Calufquir Henríquez, miembros del destacamento del MIR que intentó montar un foco guerrillero en Neltume, provincia de Valdivia, y que fue descubierto y aniquilado en 1981.[39] Después de varios años de lucha de los abogados de los Derechos Humanos, la Corte Suprema, ratificó el desafuero del diputado del RN, bajo el alegato de que existen antecedentes que podrían vincular a Martínez en los delitos imputados, por su calidad de comandante de una compañía de comandos, dependiente de la Cuarta División del Ejército, en el marco de la denominada Operación Machete, que combatió la guerrilla de Neltume.[40]

Estos casos ilustran como la Concertación emite mensajes contradictorios que favorecen la impunidad. Por un lado, construye memoriales, monumentos para mantener vigente el pasado en dictadura y, por otro, designa o permite que militares y civiles involucrados en graves violaciones de derechos humanos, ocupen cargos públicos.

Envío de militares a la Escuela de las Américas

Entre 1970 y 1975, Chile envió más soldados a la Escuela de las Américas que el resto de los países de la región durante la década completa. En esos cinco años, mil quinientos soldados chilenos fueron enviados, de los cuales, 58% se entrenaron en los dos siguientes del golpe. Estos oficiales además de adoctrinarlos en el contexto propio de la Guerra Fría, recibieron cursos de fundamentos de contrainsurgencia y operaciones antisubversiva, que incluían acción civil, recabar inteligencia, operaciones psicológicas y técnicas de comando.[41] Conocimiento que hombres como Manuel Contreras y Miguel Krassnoff aplicaron con precisión sanguinaria sobre sus propios ciudadanos.

Partiendo de este hecho histórico, que connotados líderes de la DINA y la CNI fueron instruidos es esta escuela para actuar contra sus propios ciudadanos, resulta contradictorio que el Estado chileno continúe enviando a efectivos militares a entrenarse en técnicas de contrainsurgencia. Tanto el primer gobierno de Michelle Bachelet (2006-2010) y el de Sebastián Pinera (2010-2014) se han limitado a señalar que evaluaran el asunto.[42] Esta posición es contraria a la de países como Bolivia, Ecuador y Venezuela que dejaron de enviar efectivos militares para ser adoctrinados en sus instalaciones, ubicadas actualmente en Fort Benning, Georgia, EE.UU.

Beneficios intrapenitenciarios

Mientras exista ese doble rasero en el discurso oficial jamás se podrá reinstituir por completo la confianza del ciudadano en sus Fuerzas Armadas. El deseo de justicia va más allá de acciones concretas de las víctimas para obtenerla, persiste en forma de memoria colectiva, por lo tanto no se acabará con el relato de una generación marcada por la dictadura.

El informe anual sobre los derechos humanos en Chile, elaborado en 2013 por el Centro de Derechos Humanos de la Universidad Diego Portales, señala que el cuadragésimo aniversario del golpe de Estado del 11 de septiembre de 1973, constituía una oportunidad histórica de excepción para que Chile enfrentara su pasado, mediante un profundo diálogo que permitiera abrir el camino hacia la justicia y la verdad. No obstante, este cometido no se logró, básicamente porque la derecha política no está consustanciada ni sensibilizada por el tema de los derechos humanos. Estas conductas estarían acompañadas por una actitud de minimizar o atenuar los crímenes de lesa humanidad cometidos durante el régimen militar de Pinochet.[43]

El informe también señala que a 15 años de la detención de Pinochet en Londres, existen aproximadamente 1350 causas relacionadas con violación de los derechos humanos contra 800 exagentes de represión, de los cuales hasta julio 2013, la Corte Suprema había resuelto apenas 153.

Un escenario de impunidad

Esta lentitud en los procesos judiciales, conjugada a otros factores como son la indiferencia de la derecha política, al tema de los Derechos Humanos, el doble rasero del Estado chileno que se traduce en gestos hacia determinados casos emblemáticos, más que una política destinada a fortalecer el rol ciudadano e institucional en torno a los DD.HH., así como la falta de voluntad política de la Concertación para derogar el Decreto Ley de Amnistía de 1978, configuran un escenario de impunidad para condenar los crímenes de lesa humanidad perpetrados por la dictadura.

De esa última reflexión, se origina el malestar y la sensación de injusticia de las víctimas de familiares de Detenidos Desaparecidos, entrevistadas para este libro. Sin las luchas de esas valientes mujeres no estaría internalizado el tema de los Derechos Humanos en la sociedad chilena. Ellas fueron pioneras en la defensa de DD.HH. y ni siquiera políticamente se les reconoce ese logro.

Sin ellas, tampoco hubiese memoria del mal o fuese vaga, porque su historia de lucha es también la formación de memoria del Chile contemporáneo y mientras exista impunidad, la sociedad no podrá saldar cuentas con su pasado y el ciudadano siempre tendrá en cabeza la idea de la transición pactada, que lo hará desconfiar de la institucionalidad democrática tanto en el presente como en el futuro.

Por último, la debilidad del Estado producto del modelo neoliberal, que se traduce en desmesura laboral, en bajos salarios, y en la falta de acceso de amplios sectores de la población chilena a servicios de educación y de salud gratuitos y de calidad, constituyen violaciones de derechos humanos. Y el modelo económico en conjunción con la impunidad, a futuro podría ser causal de nuevas rupturas políticas e institucionales.

Cueca sola*

En un tiempo fui dichosa
apacibles eran mis días,
mas llegó la desventura
perdí lo que más quería.
Me pregunto constante,
¿dónde te tienen?
Y nadie me responde,
y tú no vienes.
Y tú no vienes, mi alma,
larga es la ausencia,
y por toda la tierra
pido conciencia.
Sin ti, prenda querida,
triste es la vida.

Gala Torres

---

*   http://www.cuecachilena.cl/la-cueca-sola/.

Bibliografía

AGEE, PHILIP: *Manual de sabotaje y guerra psicológica de la CIA para derrocar al gobierno sandinista*, Editorial Fundamentos, Madrid, 1985.

ARFUCH, LEONOR: *Crítica cultural entre política y poética*, Fondo de Cultura Económica, Buenos Aires, 2008.

CENTRO DE DERECHOS HUMANOS DE LA UNIVERSIDAD DIEGO PORTALES: *Informe anual sobre los derechos humanos en Chile 2013*, Ediciones Universidad Diego Portales, Santiago de Chile, 2013.

GILL, LESLEY: *Escuela de las Américas: Entrenamiento militar, violencia política e impunidad en las Américas*, LOM Ediciones, Santiago de Chile, 2005.

ORGANIZACIÓN MUNDIAL CONTRA LA TORTURA: *Violencia Estatal en Chile*, Organización Mundial contra la Tortura, Ginebra, 2005.

SPENSER, DANIELA: *Espejos de la Guerra Fría: México, América Central y el Caribe*, Centro de Investigaciones y Estudio Superiores en Antropología Social, México, 2004.

TRINQUIER, ROGER: *La guerra moderna y la lucha contra las guerrillas*, Editorial Herder, España, 1965.

TODOROV, TZVETAN: *Los usos de la memoria*, colección Signos de la Memoria, Santiago de Chile, 2013.

Fuentes electrónicas

«Corte Suprema ratifica desafuero de diputado RN Rosauro Martínez», *La Tercera*, Santiago de Chile, junio 2014. Disponible en: http://www.latercera. com/noticia/politica/2014/06/674-582316-9-corte-suprema-ratifica-desafuero-de-diputado-rn-rosauro-martinez.shtml. *[Consulta: 2014, junio 13].*

«Frei asciende a un general que dirigió un pelotón de fusilamiento», *El País*, Madrid, 10 de noviembre de 1998. Disponible en: http://elpais.com/diario/1998/11/10/internacional/910652408_850215.html. [Consulta: 2014, junio 18].

«Heridas de la Dictadura de Pinochet aún duelen entre chilenos en Australia», *La Nación*, Santiago de Chile, 11 de junio de 2014. Disponible en: http://www. lanacion.cl/noticias/pais/ddhh/heridas-de-la-dictadura-de-pinochet-aun-duelen-entre-chilenos-en-australia/2014-06-11/110837.html. [Consulta: 2014, junio 12].

MONIQUE R. MARIE: *«La letra con sangre»* [Documento en línea]. Disponible en: http://www.pagina12.com.ar/diario/elpais/1-24993.html   [Consulta: 2014, mayo 04].

OBSERVATORIO DE DD.HH. DE LA UNIVERSIDAD DIEGO PORTALES: «Juicios por Derechos Humanos en Chile y la región». *Boletín informativo* no. 22-marzo, abril y mayo 2013 [Documento en línea]. Disponible en: http://www.icso.cl/wp-content/uploads/2011/03/Bolet%C3%ADn-22-Estad%C3%ADsticas-y-noticias-sobre-causas-ddhh-en-Chile-y-la-regi%C3%B3n-marzo-abril-y-mayo-2013.pdf. [Consulta: 2014, junio 20].

Siglas

AGECH: Asociación Gremial de Educadores de Chile.

AFDD: Agrupación de Familiares de Detenidos Desaparecidos.

CENDA: Fundación Centro de Estudios Nacionales de Desarrollo Alternativo.

CNI: Central Nacional de Informaciones.

DC: Democracia Cristiana.

DINA: Dirección de Inteligencia Nacional.

JAP: Juntas de Abastecimientos y Control de Precios.

MIR: Movimiento de Izquierda Revolucionaria.

OAS: Organización del Ejército Secreto.

PC: Partido Comunista.

PS: Partido Socialista.

RN: Renovación Nacional.

Notas

1. Juan Jorge Faundes: *La Conspiración contra Allende. Cómo derrocar a un gobierno de izquierda*, Ocean Sur, 2013.

2. Spenser Daniela: *Espejos de la Guerra fría: México, América Central y el Caribe*, Centro de Investigaciones y Estudio Superiores en Antropología Social, México, 2004, pp. 152-333.

3. La *Organisation de l'Armée Secrète* (OAS) u Organización del Ejército Secreto, fue una organización terrorista francesa de extrema derecha dirigida por el general Raoul Salan, tras el intento de golpe de Estado llevado a cabo por Maurice Challe, André Zeller y Edmond Jouhaud. La OAS trató sin éxito de impedir la independencia de Argelia. Para lograr sus objetivos causó la muerte de más de 1 500 franceses y argelinos, la gran mayoría en la propia Argelia. Cfr.: http://www.historia.fr/special/76/oas-les-secrets-dune-organisation-clandestine-01-03-2002-51053-

4. Roger Trinquier: *La guerra moderna y la lucha contra las guerrillas*, Editorial Herder, España, 1965, pp. 27-151.

5. El Instituto del Hemisferio Occidental para la Cooperación en Seguridad (en inglés: *Western Hemisphere Institute for Security Cooperation*), conocido también por su nombre anterior, Escuela de las Américas, es una organización para instrucción militar del Ejército de los Estados Unidos situada en Fort Benning, en la localidad estadounidense de Columbus (Georgia). La escuela estuvo situada desde 1946 a 1984 en la Zona del Canal de Panamá, donde actualmente —y desde el año 2000— funciona el hotel Meliá Panamá Canal. Se graduaron más de 60 000 militares y policías de hasta 23 países de América Latina, algunos de ellos de especial relevancia por sus crímenes contra la humanidad como los generales Leopoldo Fortunato Galtieri, Manuel Antonio Noriega y Manuel Contreras. En este lugar se adiestró y entrenó en métodos de tortura, asesinato y represión a miles de represores de toda Latinoamérica. Su actividad continúa hasta el día de hoy. Cfr.: http://es.wikipedia.org/wiki/Instituto_del_Hemisferio_Occidental_para_la_Cooperaci%C3%B3n_en_Seguridad

6. En 1967, Manuel Contreras «partió a la escuela para oficiales de ejército en Fort Benning, Virginia, Estados Unidos. Eran los tiempos de la fase crítica de la guerra en Vietnam y de la guerrilla en América Latina. En el lugar, Contreras se interiorizó de los métodos de represión utilizados contra los

grupos subversivos». Cfr.: *El Mercurio* en línea: http://www.emol.com/ especiales/carlos_prats/protagonistas_mcontreras.htm

7. Marie-Monique Robin: «La letra con sangre» [Documento en línea]. Disponible en: http://www.pagina12.com.ar/diario/elpais/1-24993.html

8. El programa Phoenix —diseñado por la CIA durante la Guerra de Vietnam; coordinado y ejecutado por el aparato de seguridad de Vietnam del Sur y de las Fuerzas de Operaciones Especiales de los Estados Unidos (los SEAL de la Armada, las Fuerzas Especiales del Ejército y los MACV-SOG, hoy Grupo de Operaciones Especiales de la CIA o División de Actividades Especiales)— funcionó en el periodo 1965 y 1972 y logró «neutralizar» a 81 740 personas supuestamente vinculadas al Frente Nacional de Liberación de Vietnam (FNLV). Fueron asesinadas de 26 000 a 41 000. Cfr. Alfred W. McCoy: *A question of torture: CIA interrogation, from the Cold War to the War on Terror*, Macmillan, NY, 2006, p. 68, y en http://es.wikipedia.org/wiki/Programa_Phoenix. *(N. del E.).*

9. Gill Lesley: *Escuela de las Américas: Entrenamiento militar, violencia política e impunidad en las Américas*, LOM Ediciones, Santiago de Chile, 2005.

10. Philip Agee: *Manual de sabotaje y guerra psicológica de la CIA para derrocar al gobierno sandinista*, Editorial Fundamentos, Madrid, 1985, pp. 59-90.

11. UPI: «Caso Patio 29: Ministro Solís entrega identidades de osamentas inhumadas ilegalmente», en *El Mostrador*, 1 de abril de 2010. Cfr. http://www. elmostrador.cl/ahora/2010/04/01/caso-patio-29-ministro-solis-entrega-identidades-de-osamentas-inhumadas-ilegalmente/

12. Sobre el número de víctimas producto de represión y violación de derechos humanos durante la dictadura de Pinochet, ver Informe Rettig [Documento en línea]: http://www.gob.cl/informe-rettig/

13. Nancy Guzmán *et al*: *Los crímenes que estremecieron a Chile: las memorias de La Nación para no olvidar*, Ceibo Ediciones, Santiago de Chile, 2013, p. 359.

14. Cfr. http://www.elciudadano.cl/2014/06/06/106670/funan-a-medicos-torturadores-que-trabajaron-para-la-dina-video/

15. Felipe Henríquez Ordenes: «Guido Díaz Pacci: El médico vinculado a la CNI relata cómo fue la muerte del transportista Mario Fernández», 29 de mayo de 2014. Cfr. http://vozciudadanachile.cl/audio-guido-diaz-paci-el-medico-vinculado-a-la-cni-relata-como-fue-la-muerte-del-transportista-mario-fernandez/

16. Cfr. http://www.memoriaviva.com/criminales/criminales_f/forero_alvarez_alejandro_jorge.htm

17. Cfr. Informe Rettig.

18. «El 25 de abril de 1990 el Presidente Patricio Aylwin creó la Comisión Nacional de Verdad y Reconciliación, cuya misión fue contribuir por primera vez al esclarecimiento global de la verdad sobre las graves violaciones a

los derechos humanos cometidos entre el 11 de septiembre de 1973 y el 11 de marzo de 1990 bajo la dictadura militar. La comisión fue presidida por el jurista y político Raúl Rettig, y por otros nueve importantes representantes de las ciencias sociales y jurídicas del país. Luego de nueve meses de trabajo, el 8 de febrero de 1991 la Comisión entregó al expresidente Aylwin el informe que concluye que 2 279 personas perdieron la vida en este periodo, de los cuales 164 los clasifica como víctimas de la violencia política y 2 115 de violaciones a los derechos humanos. La Comisión propuso, además, una serie de medidas compensatorias para los familiares de las víctimas». Cfr. http://www.gob.cl/informe-rettig/

19. Sobre la caravana de la muerte, ver Patricia Verdugo: *La caravana de la Muerte: Pruebas a la vista*, Editorial Sudamericana, Santiago de Chile, 2000.

20. Álvaro Julio Federico Corbalán Castilla (1951), mayor (r) del Ejército, exalumno de la Escuela de las Américas (1971). Miembro de la Dirección de Inteligencia del Ejército (DINE). Jefe Operativo de la Central Nacional de Informaciones (CNI). Condenado a cadena perpetua. Cumple condena en el penal de Punta Peuco. Cfr.: http://www.memoriaviva.com/criminales/criminales_c/corbalan_castilla_julio_alvaro.htm

21. Cfr. http://www.leychile.cl/Navegar?idNorma=224886

22. Cfr. http://historiapolitica.bcn.cl/folletos_politicos/visorPdf?id=10221.1/13844#p=2

23. Tzvetan Todorov: *Los usos de la memoria*, colección Signos de la Memoria, Santiago de Chile, 2013, pp. 6-17.

24. Leonor Arfuch: *Crítica cultural entre política y poética*, Fondo de Cultura Económica, Buenos Aires, 2008, pp. 123-124.

25. *El Ciudadano*, 10 de junio de 2014. Cfr. http://www.elciudadano.cl/2014/06/10/106844/protesta-por-nombramiento-del-nuevo-embajador-chileno-en-australia/

26. «Heridas de la Dictadura de Pinochet aún duelen entre chilenos en Australia», *La Nación,* http://www.lanacion.cl/noticias/pais/ddhh/heridas-de-la-dictadura-de-pinochet-aun-duelen-entre-chilenos-en-australia/2014-06-11/110837.html

27. Luis Vitale: *Interpretación marxista de la historia de Chile*, vol. III, tomos V y VI, LOM, Santiago de Chile, 2011, pp. 122-123.

28. Ibídem, p. 127.

29. Ibídem, p. 128.

30. Ibídem, p. 128.

31. Es la foto que ilustra la portada de este libro. *(N. del E.).*

32. El 14 de agosto debutó el programa *Chile: imágenes prohibidas*, una de las apuestas de Chilevisión enmarcadas en los 40 años del golpe de Estado

ocurrido el 11 de septiembre de 1973. Cfr. Patricia Reyes: «Alta sintonía y un centenar de denuncias al CNTV marcan programación especial por los 40 años del golpe», en *La Tercera*, 12/09/2013. Disponible en Internet: http:// www.latercera.com/noticia/entretencion/2013/09/661-542370-9-alta-sintonia-y-un-centenar-de-denuncias-al-cntv-marcan-programacion-especial. shtml. El proyecto, conducido por el actor Benjamín Vicuña, rápidamente se posicionó entre los programas más vistos desde su estreno.

33. El Fanta militó en las Juventudes Comunistas e hizo parte de la Brigada Ramona Parra (BRP), muralistas callejeros. Ha dicho que debió optar entre ser un detenido desaparecido o colaborar con sus captores. Hoy está condenado a cadena perpetua, que cumple en el penal de Punta Peuco. Cfr. http://ciperchile.cl/2007/11/02/fanta/

34. La localidad de Pisagua, ubicada en la antigua Provincia de Tarapacá (actual Región de Tarapacá), es un pequeño poblado con una cárcel que hoy es monumento nacional. La cárcel ha acogido a prisioneros políticos en los gobiernos de Gabriel González Videla, Carlos Ibáñez del Campo y la dictadura de Pinochet. En tiempos de González Videla, en la cárcel se crearon asentamientos informales (1947 y 1948) para alojar a los presos y sus familias, autorizadas para vivir con ellos. Tras el golpe del 11 de septiembre de 1973, sirvió de campo de concentración para prisioneros políticos, por el que pasaron cerca de 2 500 personas. Cfr. Consejo de Monumentos Nacionales: «Cárcel Pública de Pisagua».

35. Hugo, fue funcionario de la empresa editora Horizonte, del Partido Comunista, y jefe de distribución del diario *El Siglo*, del mismo partido. Cfr. Sergio Villegas: «Gráficos desaparecidos» en Ernesto Carmona: *Morir es la noticia*, disponible en Internet en: http://www.derechos.org/nizkor/chile/libros/reporter/capVII01.html

36. Se trataba del general Gustavo Leigh, comandante en Jefe de la Fuerza Aérea de Chile, FACH.

37. Organización Mundial contra la Tortura: «Violencia Estatal en Chile», Ginebra, Suiza, 2005, p. 62.

38. Diario *El País* de España: «Frei asciende a un general que dirigió un pelotón de fusilamiento». Disponible: http://elpais.com/diario/1998/11/10/internacional/910652408_850215.html

39. Cristian Alarcón: «Neltume: los cinco conscriptos que acusan al diputado Rosauro Martínez (RN)», Cfr. http://ciperchile.cl/2014/03/21/neltume-los-cinco-conscriptos-que-acusan-al-diputado-rosauro-martinez-rn/

40. Diario *La Tercera*: «Corte Suprema ratifica desafuero de diputado RN Rosauro Martínez». Disponible en: http://www.latercera.com/noticia/politica/2014/06/674-582316-9-corte-suprema-ratifica-desafuero-de-diputado-rn-rosauro-martinez.shtml

41. Gill Lesley: ob. cit.

42. Observatorio de DD.HH., Universidad Diego Portales: «Juicios por Derechos Humanos en Chile y la región». Boletín informativo no. 22-marzo, abril y mayo 2013 [Documento en línea]. Disponible en: http://www.icso.cl/wp-content/uploads/2011/03/Bolet%C3%ADn-22-Estad%C3%ADsticas-y-noticias-sobre-causas-ddhh-en-Chile-y-la-regi%C3%B3n-marzo-abril-y-mayo-2013.pdf [Consulta: 2014, junio 20]

43. Centro de Derechos Humanos de la Universidad Diego Portales: «Informe anual sobre los derechos humanos en Chile 2013», Ediciones Universidad Diego Portales, Santiago de Chile, 2013.

FLAVIO SALGADO BUSTILLOS. Antropólogo y comunicador chileno nacido en 1972 en Venezuela. Licenciado en Antropología de la Universidad Central de Venezuela (1999), especializado en comunicación política y estratégica y exmiembro del equipo de prensa presidencial (2004-2008) participando en giras nacionales e internacionales del presidente Hugo Chávez. Cursa en la actualidad (2014) un magíster en Antropología en la Universidad Academia de Humanismo Cristiano, en Santiago de Chile. Con este libro, descubre y revela a sus lectores la dolorosa realidad del horror vivido en dictadura y el coraje de un grupo de mujeres que lo ha dado todo en procura de verdad y justicia.

Seven Stories Press
Jon Gilbert
140 Watts Street
US-NY, 10013
US
https://www.sevenstories.com
jon@sevenstories.com
510-306-6987

The authorized representative in the EU for product safety and compliance is

Easy Access System Europe
Teemu Konttinen
Mustamäe tee 50
ECZ, 10621
EE
https://easproject.com
gpsr.requests@easproject.com
358 40 500 3575

ISBN: 9781925019674
Release ID: 153688514

www.ingramcontent.com/pod-product-compliance
Lightning Source LLC
Chambersburg PA
CBHW031437270326
41930CB00007B/758